改訂版

実習日誌・実習指導案 パーフェクトガイド

編
小櫃智子・田中君枝
小山朝子・遠藤純子

わかば社

改訂版 はじめに ✽✽✽✽✽✽✽✽✽✽✽✽✽✽✽✽✽✽✽✽✽✽✽✽✽✽✽✽✽✽✽✽✽

　幼稚園教諭・保育士を目指すみなさんにとって、実習は実際の現場で、直接子どもたちや利用者の方々、そこで働く幼稚園教諭や保育士、職員の方とかかわり、体験を通して学ぶことのできる貴重な機会です。生き生きと生活する子どもたちや利用者の方々との出会いは、喜びと感動の体験をもたらしてくれることでしょう。また、熱意をもって働く保育者、施設職員の姿を通して、保育や施設の仕事のやりがいを実感する機会となることでしょう。実習は、将来、保育者を目指すみなさんにとって充実した学びの場なのです。

　ところが、実習日誌や実習指導案を書くことに強い苦手意識をもつあまり、実習の喜びや充実を感じられない実習生を目にすることが少なくありません。本書は、そのような実習生のために企画されました。本書を通して、実習日誌や実習指導案の書き方の基本を学ぶと共に、最終的には実習日誌や実習指導案を書くことが「苦しい」ことではなく、「楽しい」ことへと変化することを願って編集されています。

　子どもが生き生きと園で生活する姿は私たちの目をひきつけてやみません。子どもの魅力にひきつけられて、子どもの姿をぜひとも記録に残しておきたい、そのような思いにしてくれるものです。子どもたちと、"こんなことをしたら楽しいだろう""あんなこともしてみたい"と思いをめぐらす、つまり保育の計画を考えることも楽しいものです。保育者にとって記録や計画は本来楽しいものなのです。とはいえ、記録や計画を書き慣れていない実習生にとっては、実習日誌や実習指導案を書くことはむずかしく感じられることでしょう。本書は、実習日誌や実習指導案の実例を示しながら、できるだけわかりやすくその書き方を解説しています。本書がみなさんの役に立ち、本来の実習の楽しさが感じられることを願っています。

　今回の改訂版では、実習日誌に障害児施設の実習日誌例や施設の環境図などを掲載し、施設実習について充実させています。また、Part 3 では近年の保育現場の実情を踏まえ、新たなスタイルの実習日誌例や実習指導案例を加え、多様な記録や計画についても学べるように解説しています。

　保育の記録を書くことや指導計画を作成することは、保育者の重要な専門性の一つです。近年、就学前の教育・保育の重要性が叫ばれ、幼稚園教諭・保育士の専門性の向上が強く求められています。実習日誌、実習指導案を通して、子どもや保育についてしっかりととらえる力、それを自分の言葉で文章にする力、さらにそれをもとに子どもの発達を見通し保育を計画する力を身につけてほしいと思います。保育者の専門性と保育の質の向上を願い、これからの保育を担うみなさんの力に大いに期待をしたいと思います。

　2023 年 10 月

編者　小 櫃 智 子

Contents

Part2　実習指導案を立てよう

本書について

● 特にしっかりと押さえてほしい箇所は、本書内色文字のゴシック表記で記してあります。
● シミュレーションなど演習してほしい部分に「Let's try」の演習課題を設けてあります。繰り返し行ってみましょう。
● 本文関連する情報を「column」などとして設け、具体的に実習について理解できるよう実例を多く掲載してあります。
● 実習日誌例、実習指導案例などには「POINT」や「ココも大事」として、特に理解してほしい箇所を示してありますので、ぜひ参考にしましょう。
● 実習日誌例および実習指導案例など記録例の漢字、仮名づかいは実際の実習日誌や実習指導案に記載するであろう表記とし、本文の漢字、仮名づかいとは統一していません。

保育・施設の現場における記録

保育・施設の現場における記録の意義

実践に生かす

　保育や養護・療育等の実践を「ただ実践しただけ」にしておかないためにも、記録しておくことが重要です。**記録に残しておくことで、その実践を振り返ることができ、次の実践に生かしていくことができる**のです。また、一回の実践からは見えてこなかったことが、記録を残しておくことで、実践の積み重ねによる変化が見え、実践をより確かなものとしていくことができるでしょう。

　また、保護者とのトラブルや事故が発生したときにも、客観的な事実の記録があることで適切な対応ができ、問題解決にも有効といえます。

公的責任を果たす

　「学校教育法施行規則」第28条には、日課表、日誌、指導要録、出席簿、健康診断に関する表簿などを備えなければならないことが示されています。また、「児童福祉施設の設備及び運営に関する基準」第14条には、「児童福祉施設には、職員、財産、収支及び入所している者の処遇の状況を明らかにする帳簿を整備しておかなければならない」とあります。幼稚園や保育所、認定こども園、施設における保育や養護・療育等は公的に行われるものであり、そこで保育や養護・療育等がどのようになされたか、そこに在籍、入所する子どもや利用者がどのような状況であったかなどを**記録しておくことは、その公的責任を果たすために必須のこと**といえるでしょう。

質の向上を目指す

　実践の記録は、その記録という行為そのものが実践の振り返りとなり、自己評価へとつながります。適切な自己評価がなされることで、自己の実践を改善し、その質の向上が期待されます。専門職である幼稚園教諭、保育士として、適切に自己を評価し、保育や養護・療育等の質の向上を目指すためにも、記録は大変重要な行為といえるでしょう。

保育・施設の現場における記録の種類

　幼稚園や保育所、認定こども園、施設の現場には実にさまざまな記録があります。どのような記録があるのか確認しておきましょう。

園や施設における記録

幼稚園・保育所・認定こども園における記録

〔管理上の記録〕	出席簿	子どもの出席、欠席の記録簿
	事務日誌	園の事務関係事項の日々の記録
	給食関係記録	給食日誌、献立表、栄養計算、検食簿等
	保健関係記録	発育記録、健康診断記録簿、保健日誌、SIDS（乳幼児突然死）チェックシート等
	避難訓練関係記録	避難訓練の実施状況の記録、避難用具・備蓄品の管理簿（点検表）等
	事故発生記録	事故の発生状況・対応についての記録（ヒヤリハット記録簿、事故報告書等）
	施設安全チェック票	園内の安全点検を行うためのチェック項目
〔実践上の記録〕	保育の計画	教育課程、全体的な計画、指導計画等
	保育日誌	子どもの出欠、活動の様子など、保育実践状況の日々の記録
	個人記録	保育経過記録、発達記録
	要録	幼稚園幼児指導要録、保育所児童保育要録、幼保連携型認定こども園園児指導要録、認定こども園こども要録
	児童票	入所児童の在籍、健康、保育経過など、処遇の状況を明らかにするために保育所に備えなければならない帳簿
	行事の記録	行事の実施状況の記録
	連絡帳	園と家庭とで子どもの情報を相互に伝え合う帳面
	通信	園便り、クラス便り、保健便り等

児童福祉施設（保育所以外）における記録

〔管理上の記録〕	入所・退所記録	児童の入所および退所の記録簿
	事務日誌	施設の事務関係事項の日々の記録
	避難訓練関係記録	避難訓練の実施状況の記録、避難用具・備蓄品の管理簿（点検表）等
	事故発生記録	事故の発生状況・対応についての記録（ヒヤリハット記録簿、事故報告書等）
〔実践上の記録〕	自立支援計画	児童の自立支援を実施するための計画
	個別指導計画	児童一人ひとりの支援の目標、内容、方法などを記した計画
	日誌	養護および療育の実施状況の日々の記録
	ケース記録	入所から退所までの児童一人ひとりの状況、支援の状況等の記録
	健康記録	児童一人ひとりの健康状況の記録、投薬チェックシート
	児童育成記録	児童一人ひとりの育成状況の記録
	支援・指導記録	児童一人ひとりの支援および指導の記録
	相談記録	児童および家庭からの相談の内容、対応の記録
	行事の記録	行事の実施状況の記録

ここにあげたものは幼稚園や保育所、認定こども園、施設で見られる主な記録の例で、この他にも各園や施設にはさまざまな記録があり、その名称もさまざまです。保育・施設の現場にはこのようにさまざまな記録がありますが、学生の時期にそうした記録の実際に触れて学ぶことができるのが実習です。記録には多くの個人情報が記載されているので、実習においてどこまで見せていただけるかは実習先の状況にもよりますが、**可能な範囲で各記録の閲覧を自ら願い出て、学ぶ機会を得る**ようにしましょう。そのためにも、幼稚園や保育所、認定こども園、施設にはどのような記録があるのかをしっかり把握しておくことが必要です。

③ 日々の記録と指導計画の関係

　実習において、記録を閲覧させていただくだけでなく、実際に自ら書いて体験的に学ぶことが多いのが、日々の記録と指導計画になります。日々の記録は**実習日誌**の中で書くことになり、指導計画は部分実習や責任実習の実施に伴って**実習指導計画案**（以下、**実習指導案**）として書くことになります。そこで、本書では実習日誌および実習指導案を中心にその考え方、書き方について解説をしていきます。

　さて、実習日誌と実習指導案は別々のものとしてとらえられることが多いのですが、日々の記録と指導計画がそもそも密接な関係にあり切り離すことができないように、**実習日誌と実習指導案も同様に密接な関係にあり、切り離すことができないもの**です。ここでは、日々の記録と指導計画の関係について確認をしておきましょう。

　指導計画の立案は、子ども（利用者）理解に基づいてなされます。それでは子ども理解はどのようになされるのでしょうか。右に示すとおり、子ども理解はその実践の中で子どもとの直接的なかかわりから感じ取ることから出発します。しかし、ただ感じ取るだけでは子どもの内面の深い理解にまではたどり着けません。実践後は、心を落ち着けてじっくりと振り返り考え、

子ども理解のプロセス

実　践

子どもとのかかわりから感じ取る

記　録

振り返って考える「省察」
行為の意味を読み取る「解釈」

カンファレンス

多くの目で見る・新たな目で見る

参考）柴崎正行編著『保育方法の探究』（第2版）、建帛社、1999

子どもの行為の意味をていねいに読み取っていくことが大切です。この振り返って考える「**省察**」と、行為の意味を読み取る「**解釈**」を行うためには記録が重要な役割を果たします。つまり、記録をとるという行為そのものが、振り返り考えるという「省察」や子どもの行為の読み取り「解釈」を可能にするのです。さらに、**カンファレンス**（検討）を行うことで、子どもを多くの目で見ることができ、そのことにより子どもを新たな目で見ることにつながり、子どもの理解が深まっていきます。また、記録やカンファレンスによって深まった子ども理解に基づいて、さらに実践が行われるというような循環の中で子ども理解が進められていくといえます。このように**実践と記録およびカンファレンスの積み重ねの中で子ども理解が深まり、そうした子ども理解に基づいて指導計画は立案されていきます**。つまり、**日々の記録と指導計画は密接に関連し合って書かれるもの**なのです。

　実習においては、日々の記録が実習日誌にあたり、指導計画が実習指導案にあたるので、本来は実習日誌と実習指導案もその関係性を意識して書いていくことが求められます。本書ではこうした実習日誌と実習指導案の関係性も踏まえた上で、より実際の現場に合ったその考え方や書き方について学べるような解説を試みました。PART 1 では実習日誌について、PART 2 では実習指導案についてそれぞれ解説していますが、実習日誌と実習指導案は関連していることを意識して解説しています。さらに、PART 3 では実習日誌と実習指導案のつながりがわかるよう解説しています。実習指導案の立案に生かされるような実習日誌の書き方を学んでほしいと思います。

column　苦しい実習日誌から、書きたい実習日誌へ

　「実習日誌さえなければ実習は楽しいのに……」という実習生の感想をよく耳にします。それほど実習日誌が大変だということなのでしょう。確かに、一日、実習をして疲れた中、記録を毎日書くことは大変なことでしょう。まして保育などの記録を書くことに慣れていない実習生にとってはなおさらです。

　多くの実習生は、とにかくしっかり記録をとらなければと、実習をしている間も常に「これも忘れないように」、「あれも忘れないように」、「今日は何を書こう」、などと頭をいっぱいにしている姿が思い浮かびます。気持ちはよくわかりますが、もっとリラックスして実習の現場に身をおいてみましょう。「子どもとかかわることが楽しい」、「保育っておもしろい」という体験をまずは大事にしてください。子どもや利用者とのかかわりでは心動かされる体験がたくさんあります。保育者や職員の姿からは、なるほどとその専門性に驚かされることがたくさんあります。そんな体験ができれば、「これはぜひ記録したい」という思いが自然とわき上がってきます。ところが「記録をとらなければ」という思いだけに支配されていると、そのような体験はしにくくなり、記録を書くことも苦しいだけです。

　実習の充実があってこそ、実習日誌は書けるものです。日々の子どもや利用者とのかかわり、保育者としての体験を大切にし、苦しい実習日誌から、書きたい実習日誌へと変えていくのは自分次第です。

Part1

実習日誌 を書こう

実習日誌を書く意義

実習日誌を書く自分をイメージしてみよう

　はじめて実習日誌を書くみなさんにとって、「実習日誌を書く自分」を具体的にイメージすることはむずかしいかもしれません。「大変そう」「むずかしそう」「自分に書けるだろうか」など、ただ漠然と不安に思っている人も少なくないでしょう。そこで、実習日誌を書くということはどのようなことなのか、はじめに少しイメージしてみましょう。

　まず、実習日誌とは何かを簡単に説明すると、みなさんの**日々の実習体験を記録するもの**です。実習日誌を目の前にしていざ書こうとするとき、「今日、自分は実習で何をしたか？」を思い出す作業からはじめることになります。つまり、**実習体験を振り返る作業を必然的に行うことになるのです。**毎日があわただしく過ぎていく実習の中で、そのままにしていると忘れてしまいかねない貴重な実習体験を、実習日誌を書くという作業があることで一度立ち止まり、思い出して記憶を確かなものとすることができるのです。

　思い出した実習体験の中には、学びとなる出来事がたくさんあるはずです。文章にまとめていく際、こうしたたくさんの学びを整理していくことになります。実体験を伴う学びの整理によって、将来、**保育者、施設職員になるための実践力を身につけていく**のです。また、実習体験の中には、観察する際「○○の視点が足りなかった」、子どもとかかわる際「もっと○○すればよかった」など、思い出していく中で反省することもたくさん出てきます。こうした反省が明確になることで、「明日は○○をもっと注意して観察してみよう」「明日は○○に留意して子どもにかかわってみよう」と、翌日への課題を見出すこともできます。

　実習日誌を書くということは、右に示すとおり、実習体験をそのままにせず、**振り返って思い出し、その中から学びを整理すると共に、反省と課題を見出す**作業を行っているわけです。そのことが、さらに**翌日の実習の改善へとつながり、充実した実習体験を積み重ねる**といった循環を生み出しています。

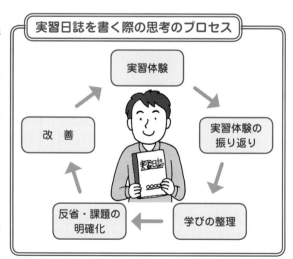

実習日誌を書く際の思考のプロセス

実習体験 → 実習体験の振り返り → 学びの整理 → 反省・課題の明確化 → 改善 →（実習体験へ）

実習日誌を通して保育者としての学びを深めよう

　実習日誌を書くということのイメージがわいてくると、なぜ実習日誌を書くのか、その意味が見えてきたと思います。実習日誌を書くということは、**学びの整理と反省・課題の明確化を行う**という意味があるのです。このことをもう少し具体的に考えてみたいと思います。

　実習日誌を通して学びを整理する際、たとえば「A君がボタンをはめるのをむずかしそうにしていたので手伝おうとしたら大泣きをして怒られてしまいました。学校で子どもは2歳を過ぎるころより自我が育ち"自分でやりたい"という気持ちが出てくると学んだことを思い出し反省しました……」というように、実際と養成校で学んだ保育の理論とを照らし合わせながら確認していくことができます。しかし、実際には理論どおりのA君の姿がある一方で、B君は2歳を過ぎてもなかなか自己主張をしないということもあります。このように実習では一般論としての子どもではなく、**目の前にいる実際の子どもとその保育を学ぶことにこそ重要な意味がある**といってもよいでしょう。B君はなぜ自己主張をしないのかと考えたり、そうしたB君に保育者はどのようにかかわっているのか、そしてそのかかわりにはどのような意味があるのかと、具体的な姿から実習日誌を通して、**①子ども理解を深めたり**、**②保育の意図を考え**たりするのです。実習日誌は、実際の子どもや保育についてじっくりと省察する機会を与えてくれます。このように、実習日誌を通して、保育者としての学びを深めていくことができるといえます。

実習日誌を通して助言を得よう

　実習日誌は、実習の指導を受けながら保育者や職員に読んでいただくことになります。つまり、実習日誌は、実習のさまざまな体験から自分が学んだ事柄や、考えた事柄を実習先の指導担当者（保育者や職員など）に向けて表現する一つの手段にもなっています。実習日誌を通して、自分の実習での学びや考察を表明し、それに対して実習先の指導担当者から助言をいただくことで、翌日の実習への取り組みのヒントを得ることができるでしょう。

　実習日誌は、**実習生と実習先の指導担当者とを結ぶ大切なツール**となっているのです。実習日誌を通して、保育者や職員から助言を得ることで、より充実した実習となるでしょう。

実習日誌に書く内容とさまざまな形式

実習日誌の２つの記録

　実習日誌は、主に２つの記録で成り立っています。

　１つ目は、**時系列の記録**で、**一日の生活を時間の流れに沿って記録する形式**になっています。時間割に基づいて授業を進めていく小学校とは異なり、一日の生活すべてが保育や養護・療育の対象となっている園、施設では、一日の生活がどのように組み立てられ、子どもたちや利用者がどのように生活しているのか、その中で保育者や職員がどのような仕事を担いどのように活動しているのかを記録していくことが求められます。このように時系列の記録は、園や施設での一日の生活をより深く理解していくための記録になります。

　２つ目は、一日のまとめとしての**考察の記録**で、**具体的な実習での体験とそれに対する感想や考察等を文章化し自由に記述する形式**です。書式例①のように「実習の体験と学び」や「今日の実習での学び」などの見出しがついていることもあります。この考察の記録では、より具体的な子どもや利用者、保育者や職員の姿から、感じたことや気づいたこと、考えを深めたことなどを記述していく記録が求められるのです。実習日誌は、主にこの時系列の記録と考察の記録の２つの記録の組み合わせによって成り立っています。

書式例 ①

○月○日○曜日　天気　晴れ　　　　○○○組（○歳児）○名　欠席○名　　　　指導者　○○○○			
今日の実習のねらい			
時間	子ども（利用者）の姿	保育者（職員）の動き・援助	実習生の動き
〜〜〜	〜〜〜	〜〜〜	〜〜〜
実習の体験と学び			
〜〜〜	〜〜〜	〜〜〜	〜〜〜
指導者からの助言			

左側ラベル：**時系列の記録**／**考察の記録**

時系列の記録に書く内容とさまざまな形式

　時系列の記録には、主に、①**環境**、②**子どもや利用者の姿（動き・活動）**、③**保育者や職員の姿（動き・援助）**、④**実習生の動き**、⑤**実習生の気づき**を、一日の生活の時間の流れに沿って記録します。養成校や保育現場によって実習日誌の形式はさまざまですが、そ

れぞれに意味があります。どの形式で記録するにしても、それぞれの形式の意味を理解して記録していくことが大切です。主な形式とその意味について確認しておきましょう。

「子どもや利用者」「保育者や職員」「実習生」の３者の動きを重視した形式

前ページの書式例①の形式は、**「子どもや利用者」「保育者や職員」「実習生」の３者の動きを重視した形式**です。保育や養護・療育の対象である「子ども（利用者）の姿」と、保育や養護・療育を行う「保育者（職員）の動き・援助」、そして当事者である「実習生の動き」を時間の流れに沿って記録していきます。環境や実習生の気づきを書く欄は設けていませんが、書かなくてよいというわけではありません。子どもや利用者の生活や活動する環境がどのような環境であるかという視点に立てば「子ども（利用者）の姿」の欄に、保育者がどのような環境を構成しているかという視点に立てば「保育者（職員）の動き・援助」の欄に、環境を書き込むことができます。また、子どもの姿から得られた気づきは「子ども（利用者）の姿」の欄に、保育者の姿から得られた気づきは「保育者（職員）の動き・援助」の欄に書くことができるでしょうし、実習生が気づいたという意味では「実習生の動き」の欄に書いてもよいでしょう。「子ども（利用者）」、「保育者（職員）」、「実習生」の３つの欄しか設けていない形式であっても環境、実習生の気づきも大事な記録の要素と考え、多くの場合はいずれかの欄に書き込んでいくことがほとんどです。

「環境」の記録を重視した形式

書式例②の形式は、**「環境」の記録を重視した形式**です。特に幼稚園や保育所、認定こども園では、環境を通して行う保育を基本としているので、一日の生活のそれぞれの場面でどのような環境が構成されていたかを観察することを重視して記録をとることがとても大切です。「環境」の記録の欄を設けることで、環境をより意識的に重視して記録することができます。

書式例②

時間	環境構成	子ども（利用者）の活動	保育者（職員）の援助	実習生の動き

「実習生の気づき」を重視した形式

次ページの書式例③と書式例④の形式は、**「実習生の気づき」を重視した形式**です。子どもや利用者、保育者や職員、実習生の３者の動きをただ記録するだけでなく、それぞれの行動の意味を考えることが大切です。子どもや利用者の行動にはどのような意味があるのかを考えることで子どもや利用者への理解が深まりますし、保育者や職員の動きの意味を考えることで援助の意図を読み取ることができます。また、実習生自身も何も考えずに動くのでなく、子どもや利用者、そして保育（養護・療育）への思いを明確にして動くことが大事になりますし、そのことを記録の中でも意識化していくことが実践力を高めていくことにつながります。「気づき」を記録する欄を設けることで、より意識的にこうした

時間	子ども（利用者）の動き	保育者（職員）の援助	実習生の動き	実習生の気づき

時間	子ども（利用者）の姿	保育者（職員）と実習生の動き・援助	実習生の気づきと考察

気づきを重視して記録を書くことができます。

　書式例④の形式は、保育者や職員と実習生の動きを同じ欄に書くような形式になっていますが、実習生も保育者や職員と同じ立場で動くという意識をもって実習に参画していくことを大事にしています。実習生として学ぶ立場ということを意識することは大事ですが、同時に保育者や職員としての責任をもち、子どもや利用者にかかわっていくという意識をもつことも大切です。

「一日の活動」を中心とした形式

　書式例⑤の形式は、**「一日の活動」を中心とした形式**です。「一日の活動」という欄を設け、「子ども（利用者）」「保育者（職員）」「実習生」を別々に分けて記録するのでなく一つにまとめて記録したり、あるいは「子ども（利用者）」の活動のみを記録したりします。時系列に事細かに記録していくのではなく、要点をしぼって一日の活動の流れがわかりやすいように簡潔に記録していきます。時系列の詳細な記録よりも、具体的な実習体験やそれに対する感想、考察の記録を重視する場合、この形式のものが多くなります。

時間	一日の活動	気づきと考察

　ここにあげた時系列の記録形式はよく見られるものですが、この他にもさまざまな形式があります。いずれにしても、冒頭でも確認したように、時系列の記録の要素には、①環境、②子どもや利用者の姿（動き・活動）、③保育者や職員の姿（動き・援助）、④実習生の動き、⑤実習生の気づきの５点があり、何を重視して記録するかで形式が決められていきます。養成校の中には、実習現場となる園や施設の状況に合わせたり、実習生の学習の状況に合わせたりして、形式を柔軟に決められるよう、あえてフリースペースとしている実習日誌もあります。そのような場合には、実習先の指導担当者と相談しながら、何を重視して記録をするかを考え、形式を決めていくことが大切です。時系列の記録の具体的な書き方については、本書 p.40 〜 49 で解説していきます。なお、本書では書式例①（本書 p.14 参照）の「実習生の動き」の欄を「実習生の動きと気づき」とした書式を中心に、そ

の他の書式も使用した実習日誌例を紹介してありますので参考にしましょう。

考察の記録に書く内容と形式

　考察の記録には、その日一日の生活・活動の様子、発達の様子、人とのかかわりの様子などの子ども（利用者）の姿や、子ども（利用者）へのかかわり・援助の様子などの保育者・職員の姿、また実習生自身が子ども（利用者）にかかわったり、保育（養護・療育）に参加したりした具体的な出来事と、それに対して感じたこと「**感想**」、気づいたこと「**気づき**」、考えたこと「**考察**」を記述します。形式は自由に記述できるようにフリースペース、もしくは文章が記述しやすいようにマス目、罫線が用意された欄が設けられています。その日のねらいに基づいた一日の考察や反省、今後の課題などや、時系列の記録の気づきで記述したことを掘り下げて考察したりします。一般的には、時系列の記録の後にこのような欄が用意されていることがほとんどです。ただし、養成校や保育現場の方針、実習生の学習の進め方などにより、時系列の記録に重点をおいたり、逆に考察の記録に重点をおいたり、その比重は変化しています。なお、考察の記録の具体的な書き方については、本書 p.50 〜 59 で解説していきます。

その他の記載される内容

　時系列の記録と考察の記録の他に、毎日書く事項として、その日の「**実習のねらい**」（「実習目標」「実習課題」などとも呼ぶ）があります。これは、実習生自身がその日一日の実習で何を学びたいかを明確にして実習に臨むために設けられているもので、事前に記入するものです。実習のねらいを実習生が明確にするだけでなく、実習日誌に書くことで指導していただく保育者や職員に伝えることは、よりよい指導を受けるためにも重要です。実習日誌にはこのような欄も設けられているので、その意味を理解して活用していきましょう。実習のねらいの立て方については、本書 p.38 〜 39 で解説します。

　また、実習日誌には日々の記録の他に、園の沿革や保育方針、職員構成やクラス編成といった「園の概要」や、実習生の「実習課題」、「実習計画」を書くページなどもあります。これらは、実習での学びをしっかり進めていくために、実習がはじまる前に記載します。そして、実習後には、実習全体を振り返り、まとめるページもあります。実習全体のまとめについては、本書 p.64 〜 66 で解説します。

　その他に、実習日誌には、実習生が記入する欄だけでなく、「**指導者の助言（コメント）**」として指導していただく保育者や職員が記入する欄が書式例①（本書 p.14 参照）のように設けられています。実習生が記入した記録に対し、助言をいただく欄です。こうした助言はその後の実習での取り組み方を明確にし、実習での学びをさらに深め、充実したものにしてくれるでしょう。もし、実習日誌にそのような欄が設けられていない場合には、助言をいただけるようなスペースをつくっておくとよいでしょう。なお、本書で掲載する実習日誌の実例では「指導者の助言」の欄は省略しています。

3 実習日誌の取り扱い

実習日誌はていねいに取り扱おう

　みなさんは、実習日誌は自分だけの個人的な記録であると思っていませんか。実習日誌は私的な文書ではなく、**公的な文書**です。「幼稚園教諭免許、保育士資格を取得するために養成校から課せられた文書」という位置づけになります。また、実習日誌をもとに実習指導をいただいたり、実習の評価を受けるための書類にもなります。そのため、ていねいに取り扱わなければなりません。紛失するようなことなどはもってのほかです。丸めたり、汚してしまうことのないよう取り扱いには十分に注意しましょう。**実習日誌は個人の記録ではなく園や施設に提出するという社会的な重要性をもった書類であること**を十分に理解してください。

　また、実習中はもちろんのことですが、実習日誌は養成校を卒業した後も、その当時の自分の実践や指導内容を振り返ることのできるとても参考となる貴重な資料でもあります。実習の思い出としてだけではなく、貴重な資料としても大切にしましょう。

個人情報の取り扱いに気をつけよう

プライバシーの保護にかかわる留意事項

　実習日誌には必ず子どもや利用者の動き（子どもや利用者同士のかかわり）を記入します。その際、実名は使わないように気をつけてください。**子どもや利用者はもちろんのこと、その家族のプライバシーにも十分に留意する**必要があります。実習日誌は記録として残るため、子どもや利用者の名前などを記入する際には、アルファベットや仮名で記入するようにしましょう。実習先によっては子どもや利用者の実名のイニシャルも禁止されているところもありますので、オリエンテーション時にしっかりと確認しましょう。

　実習日誌は子どもや利用者の姿を観察し、記録を通して学ぶものです。その場で起こっている事実が重要であり、その**子どもや利用者の背景にある家庭環境や事情などを記入す**

ることは**適切ではありません**。たとえば、「A子は家庭環境に問題がある。両親は別居している……」や「B男の家の家業がうまくいっておらず、経済的にも苦しい……」など、「日誌の記入に夢中になってつい書いてしまった」ということもありがちです。注意しながら慎重に記入しましょう。

　また、園や施設の名称や園長、保育者、職員の氏名など、記入の際は実名でよいか、オリエンテーションで話した話題、園や施設の環境図を記入する際は、どの程度まで記載してよいのか、必ず実習先に確認をしましょう。自分で判断せずに事前にしっかりと実習先に確認をとることが大切です。後になって問題にならないとも限りません。

守秘義務と個人情報保護法

　児童福祉法の第18条の22には「保育士は、正当な理由がなく、その業務に関して知り得た人の秘密を漏らしてはならない。保育士でなくなった後においても、同様とする」と**保育者の守秘義務**について定められています。これは実習生においても同様です。

　また、「個人情報は、個人の人格尊重の理念の下に慎重に取り扱われるべきことにかんがみ、その適正な取扱いが図られなければならない（第3条）」とされている個人情報の保護に関する法律（通称：**個人情報保護法**）は2003（平成15）年に成立し、2年後2005（平成17）年に全面施行されました。

　園や施設において以前は、連絡網やクラス名簿など特に保護者の承認もなく配付されていましたが、現在はほとんど作成されなくなっています。それだけ個人情報の扱いが注目されるようになってきています。さまざまなガイドラインも設けられていますが、この法律が施行されるようになってから慎重に扱うことが常識となっています。

実習日誌は他人の目に触れないようにしよう

　実習日誌を記載したり、読み返したりする際、実習日誌の内容が他人の目に触れないようにしなければなりません。**基本的には実習日誌は、実習から帰宅後、自宅で記載しましょう**。実習先によっては子どもの午睡の時間や休憩時間などに、記載を許されていることもありますので実習先に必ず確認をとりましょう。

　実習の内容はもちろんですが、**実習日誌は家族にも見せてはいけません**。家族から実習先での子どもや利用者の個人情報が漏れてしまうなどということがないようにしましょう。

　また、通勤時のバスや電車の中や飲食店内など、多くの人の目がある場所で、実習日誌を記載したり、広げたりすることのないようにしましょう。実習先に向かう交通機関は、園や施設に通う保護者も多く利用しています。いくらアルファベット表記などで記載していても、自分の子どもの通う園や施設の保護者であれば、記載されている内容もわかってしまうこともあるでしょう。実習日誌を記載したり、読み返す際には場所にも配慮が必要です。

実習日誌を書くときの基本事項

実習日誌を書くときの基本を確認しよう

　実習日誌は公的な文書であるために、記入する際に留意しなければならないことがあります。最近では、携帯電話や電子メールのやりとりが多くなり、改まった文章に慣れていないという人も増えています。実習日誌を記す機会に正式な文書の書き方を覚えましょう。

⬤ 黒ペンで書く

　修正が手軽な鉛筆で書きたいところですが、黒ペンを使用します。万年筆、油性（水性）ペン、ボールペンなどで書きましょう。また、修正が可能な**消えるボールペンは実習日誌などの公的な文書に使用してはいけません**。はじめに下書きを鉛筆で書いて清書をする場合は、下書きの鉛筆書きの消し残しがないように気をつけましょう。書き損じを防ぐためにも、書く内容はあらかじめ整理してから実習日誌に記入するようにしましょう。

⬤ 修正液・修正テープは使用しない

　書き間違った際、修正液や修正テープは使用しないことが望ましいとされています。修正液等の使用が認められている実習先や訂正印で修正を行うよう指導されるところもありますので、オリエンテーション時に確認しましょう（本書 p.25、column 参照）。たとえ修正液等の使用が認められていたとしても、基本的には**書き間違いのないように、実習日誌を記入するときは慎重であること、緊張感を伴っている時間であること**を心がけてください。

⬤ 誤字、脱字に注意する

　実習日誌によく見られる誤字、脱字を防ぐため、**使用する漢字は調べてから書く**習慣をつけましょう。自分は正しいと思い込んで間違った漢字をそのまま気づかずに書いている例もあります。最近はわからない漢字を調べる際、携帯電話などを使用している姿を多く見かけますが、実際に現場に勤めてからも、文字を書く機会は増えますので、漢字の確認だけでなく言葉を理解する意味でも、ミニサイズの辞書を用意しましょう。手元におき、誤字、脱字のないよう努力をしてください。また、最近、実習日誌で見かける文字の中に絵文字があります。絵文字は当然のことながら正式な文字ではありません。自分の気持ちを表す表現法として個人的に使用されていますが、公的な文書には使用してはいけません。

ていねいな文字で書く

　一日の実習が終わり、その後に書く実習日誌はなかなか思いどおりに書けるものではありません。そして、実習日誌の読み手は指導をいただく目上の方です。汚い、読みにくい文字で書いては内容を読む前によい印象を受けません。人それぞれ文字の癖はありますが、**ていねいに書くことの努力はできるはずです。文字の大きさ、バランス、同じ項目の位置はそろえるなど、見た目にも美しく、読みやすい実習日誌を作成する**努力をしてください。

実習日誌に使用する用語を確認しよう

園や施設でよく使用される用語を確認する

　実習日誌によく記載する基本的な用語についても注意が必要です。話し言葉と違い、実習日誌は**書き言葉で記載**しますので十分確認しておきましょう。

保育者の呼称

	幼稚園	保育所	認定こども園	施設
保育者	○	○	○	○
教師・教諭	○	×	△※1	×
保育士	×	○	△※1	○

※1　認定こども園の場合、幼稚園利用および保育所利用の時間帯で呼称が異なる場合がありますので、実習園に確認しましょう。

話し言葉の「お」をつけた表現

誤った表現 NG	正しい表現 OK
お片づけ	片づけ
お集まり	朝の会、集会
お弁当・お昼	弁当・昼食
お昼寝	昼寝・午睡
お母さん	母親・保護者

間違いやすい用語の一例

誤った表現 NG	正しい表現 OK
登校・下校	登園（登所）・降園（降所）
教室	保育室
校庭	園庭（所庭）
児童※2	子ども（乳児・幼児・○歳児）
父兄	保護者

施設での呼称

誤った表現 NG	正しい表現 OK
利用者さん	利用者
お医者さん	医師
看護婦	看護師

※2　ただし、小学生以上の子どもが利用する施設などの場合は「児童」と表記します。

はやり言葉や略語、話し言葉は安易に使わない

　友達との会話のような、はやり言葉や略語を使ったり、相手に伝わりにくい表現で書くことは好ましくありません。正しい表現で誰が読んでもわかりやすく書くことが大切です。

実習日誌に好ましくない表現

誤った表現 NG	正しい表現 OK	誤った表現 NG	正しい表現 OK
事故る	事故を起こす（起きる）	超○○	とても、非常に
ハグする	抱っこする、抱く	わりと	意外にも
ムカつく	腹が立つ	じゃあ	それでは
ウルウルする	涙ぐむ	いろんな	いろいろな、さまざまな
スマホ	スマートフォン	すごくって	立派で

差別的な表現に注意する

　性差や人種、障害名の誤りなど配慮のない表現は実習日誌に記載しないよう気をつけましょう。

実習日誌に好ましくない表現

誤った表現 NG	正しい表現 OK
外人	外国人
痴呆	認知症
アスペ	アスペルガー症候群

5 実習日誌を書くときの文章表現

文章表現の基本を確認しよう

● 同じ記録の文体はそろえよう

基本的な文章作成の留意点ですが、「である調」と「です・ます調」が混在している文章を見かけます。実習日誌の場合、時系列の記録では「である調」、その日の考察の記録や実習先に提出するレポートなどに関しては「です・ます調」で書いている場合が多く見られます。いずれにせよ、一つの記録の中で「である調」と「です・ます調」が混在してしまうようなことがないよう、**同じ記録の中では文体をそろえましょう**。

● 話し言葉の表現を使用しないようにしよう

また、前項の用語についてでも触れましたが、話し言葉をそのまま文章として書いてしまう失敗も多く見られます。たとえば「～しなきゃいけない」は「～しなければならない」と表現するものです。実習日誌を書くときには読み直しながら話し言葉になっていないかを確認をすることが必要です。

気をつけたい話し言葉の表現

誤った表現 NG	正しい表現 OK	誤った表現 NG	正しい表現 OK
～みたいな	～のような	～と違くて	～と違って／～と違い
～です。なので	～です。そのため／したがって	超かわいくて	とてもかわいらしい姿で
～だなあと思った	～だと思った／～だと感じた	自分で着れる	自分で着ることができる

● 子どもや利用者が主体となる表現を用いよう

「～をさせる」「～仕向ける」など、保育者や職員の意向が強い印象を受ける文章も好ましくありません。小さな表現の一つひとつに保育（養護・療育）に向き合う姿勢が見えてきます。「～働きかける」「～ように援助する」など、**子どもや利用者が主体となるような表現を用いる**ようにしましょう。また、子どもや利用者と保育者や職員の会話のみを記入するのは記録として不十分です。子どもや利用者、保育者や職員（実習生）の行動や意図なども含めて記入することが重要です。

子どもが主体となるような表現

誤った表現 NG	正しい表現 OK	誤った表現 NG	正しい表現 OK
飲ませる	～飲む／～飲むように援助する	参加するよう仕向ける	参加するよう働きかける
着替えさせる	着替える／着替えの援助をする	遊ばせる	遊ぶ／遊びに誘う
～してあげる	～する／～よう援助する	指示する	伝える

5W 1H を基本に書こう

実習日誌は誰が読んでもその状況がわかるように文章を書かなければなりません。そのためには、文章を構成する基本的な要素を押さえておきましょう。

主語が欠落している文章にも気をつけましょう。特に子どもや利用者の動きを書く際、複数で行動している場合、いつ（When）、どこで（Where）、誰が（Who）、何を（What）、なぜ（Why）、どのように（How）と5W1Hに基づいて書くように心がけてください。

文章の基本 5W1H の例文

A子は登園してすぐ、昨日の型抜き遊びの続きをするためにプリンカップを持ち出し、砂場でうれしそうに遊んでいた。

いつ（When）	登園してすぐ
どこで（Where）	砂場で
誰が（Who）	A子は
何を（What）	プリンカップを持ち出し
なぜ（Why）	昨日の型抜き遊びの続きをするために
どのように（How）	うれしそうに遊んでいた。

Let's try 1　実習日誌での文章表現を確認しよう

次にあげる文章は実習日誌には好ましくない表現が含まれています。好ましい表現に修正してみましょう（解答例、本書 p.66 参照）。

- -

QUESTION ①

A男が紐を結ぶ際に保育者が手伝ってやっていた。子どもは紐を結ぶのはむずかしいんだな〜と思いました (^_^;)

- -

- -

QUESTION ②

お集まりの前に自分から片付けをしてくれた子どもを褒めた。その後、座ってもらうように指示をしました。私が手遊びをやって楽しんでもらいました！

- -

- -

Let's try 2　5W 1H の文章をつくってみよう

本文の例文を参考に5W 1H を意識した保育場面の文章をつくってみましょう。

- -

- -

- -

6 実習日誌の実際とポイント

実際の実習日誌をイメージしよう

　実習日誌は何のために書くのか、どのようなことを書くのか、どのようなことに留意して書くのかについて、おおよそ理解できましたか（本書 p.12 ～ 23 参照）。次に実際の実習日誌がどのようなものか、具体的にイメージできるよう実際の実習日誌を見ていくことにしましょう。まずは実習日誌の全体像を確認し、次のようなポイントを見ていきましょう。

➡ POINT ①　実習のねらいを見てみよう

　実習では、毎日の学びが充実したものとなるよう、その日のねらい（目標）をもって臨みます。実習日誌にはそうした実習のねらいを記入する欄があります。実際に実習生がどのようなねらいを立てているのか、それをどのように表現し記述しているのか見てみましょう。また、実習のねらいがその他の欄の記述にどうつながっているのかに着目してみましょう。

➡ POINT ②　子どもや利用者の活動の記述を見てみよう

　実習では、保育や養護・療育等の対象である子どもや利用者の理解を深めることが大切です。実習生が子どもや利用者の姿をどのようにとらえ、記述しているのかを見てみましょう。読みやすい表記の工夫などにも着目してみるとよいでしょう。

➡ POINT ③　保育者や職員の援助の記述を見てみよう

　実習は、幼稚園教諭および保育士としての実践力を身につけることが大きな目的です。保育者として、施設保育士として、子どもや利用者にどのようにかかわり、援助しているのかを観察し記述します。それらの記述が実習日誌にどのようになされているかを見てみましょう。

➡ POINT ④　実習生の動きと気づきの記述を見てみよう

　実習生自身の一日の動きがどのように記録されているのかを見てみましょう。また、一日の生活の流れの中で、子どもや利用者、保育者や職員の姿から、実習生がどのようなことに気づき、どのように記述しているのかを見てみましょう。実習生自身の動きと気づきが一つの記入欄の中にどのように記述されているのかにも注目するとよいでしょう。

POINT ⑤　環境の記録について見てみよう

　実習生がどのような場面に着目しその環境を記録しているのかを見てみましょう。また、環境の記録方法として、文字だけでなく、図を活用した記録がどのようになされているかを確認しましょう。

POINT ⑥　実習の体験と学びの記述を見てみよう

　実習の体験と学びがどのように記述されているのかを見てみましょう。多くの実習体験から実習日誌に記録する内容としてどのような体験が記述されているのか、またその体験からの学びとして実習生が何を記述しているのかを具体的に読んでみましょう。子どもや利用者の姿、保育者や職員のかかわり、実習生自身の体験と、その体験を通して気づいたこと、考えたことの記述に着目してみましょう。

実際の実習日誌で確認してみよう

　次ページより、実際に実習生が書いた、幼稚園実習における4歳児クラスでの実習日誌、保育所実習における0歳児クラスでの実習日誌、施設実習における児童養護施設、乳児院、福祉型障害児入所施設での実習日誌を示します。実習日誌は多くの場合、手書きです。実際の実習日誌がイメージできるよう一例のみ手書きで示してあります（本書 p.26 ～ 27 参照）。前述したとおり、実習日誌の様式は養成校や実習先によってもさまざまです。したがって、ここで示す実習日誌の様式はあくまでも一つの例です。また、その内容も一つの例に過ぎませんが、まずは実際の実習日誌がどのようなものなのか、具体的にイメージしてみるところからはじめましょう。基本的な記入の際のポイントも示していますので、確認してみましょう。

---

column　実習日誌の修正はどうしたらいい？

　実習日誌は実習先の指導担当者に添削していただき、ときに修正や加筆が求められることもあります。添削していただいたらすぐに確認し、必要に応じて修正・加筆しましょう。明らかな誤字の修正は、辞書で確認し、同じ間違いを繰り返すことがないようにしましょう。修正については、実習先の指導担当者に確認し、修正テープで修正するか、もしくは二重線を引き横に正しい字を書いて修正するなどします。二重線を引いた場合、訂正印を求められる場合もあります。

　この他、好ましくない表現や記述に対する修正もあります。なぜ、好ましくないのか、その理由をよく学ぶことが大切です。修正前の記録をすべて消す指示がない場合には、あえてそのままにし、横に修正した文章を書くようにしましょう。そうすることで、どのような表現・記述が望ましくないのか、記録に残り、後で確認することができます。また、記述が足りない、考察が足りない場合には、加筆を求められることがあります。指導を受け、よい学びの機会ととらえて加筆しましょう。加筆するスペースがないときには、別紙を添付するとよいでしょう。

POINT ☞
実習日の子どもの出席人数は、毎日確認して記そう。

POINT ☞
その日の実習のねらいは具体的に記そう。

5月17日（木）天気（くもり）	（4）歳児クラス（すみれ）組	出席：男児（13）名／女児（10）名 欠席：男児（1）名／女児（1）名	指導者氏名（ ○○○○○ ）

今日の実習のねらい	・子どもがしている遊びを一緒に楽しみながら、4歳児の遊びの発達を見る。 ・製作活動の子どもの遊びの様子や援助の仕方について観察する。

時間	子どもの活動	保育者の援助	実習生の動きと気づき
8:30	○登園・朝の支度 ・「おはようございます」と元気に登園してくる。 ・保育室へ行き連絡ノートにシールを貼り、ロッカーにカバンと帽子をしまう。 ○好きな遊び（室内） ・ブロック、パズル、粘土遊びなどで遊ぶ。 ・友達同士で役を決めて、役になりきって、ままごとをしている。 ・パズルがうまくできず、イライラしながら保育者に「一緒にやって」と助けを求める。	・笑顔で目を合わせて「おはようございます」と挨拶をして、気持ち良く一日がスタートできるような雰囲気を大切にする。 ・子どもから話すことを聞いて会話を楽しんだり、「今日は何して遊ぶ？」と言葉をかけながら、一人一人の子どもの様子を見る。 ・子どもの遊びの様子を見ながら、一緒にパズルをする。「これは何のへんかしら？」と聞きながら、子どもが楽しめるように働きかける。 ・ままごとをしている子どもがごちそうを持ってくると、食べる真似をして「おいしい」「今度はデザートがいいわ」などのやりとりをする。	・子ども一人一人に笑顔で、「おはようございます」と挨拶をしながら、登園や朝の支度の様子を見守る。 ＊子どもは保育者と顔を合わせると嬉しそうな表情をして、会話をしていた。 ・N君に「一緒にやろう」と言って仲間に入れてもらい、粘土遊びを一緒にしながら、保育室の遊びの様子を見る。 ＊パズルは保育者が一緒に楽しむ姿勢を持ちつつも、子どもがやりやすいように、向きを変えるなどヒントを出し達成感を味わえるような配慮に気づいた。
9:30	○片付け・排泄 ・保育者に褒められて嬉しそうな表情をしながら、一生懸命に片付けをしている。 ・なかなか遊びを切り上げることのできない子どももいるが、製作をすることを聞いて、片付ける気持ちになる。	・「Mちゃん、片付けが上手ね」と具体的に片付けをする様子を褒めたり、「ありがとう」などの言葉かけをしている。 ・「今日は製作しようね」と次の活動への見通しが持てるよう言葉をかけ、期待を持って片付けができるようにしている。	・「これはどこに片付けるのかな？」と子どもに聞きながら子どもと一緒に片付ける。 ＊保育者は、子どもから片付けようとする気持ちになるように、子どもに優しく言葉をかけていると思った。
9:45	○朝の集会 ・朝の挨拶をする。 ・歌「おはよう」を歌う。 ・製作「風船とばし」の説明を聞く。	・子どもが揃ったことを確認し、朝の挨拶をする。 ・歌「おはよう」の伴奏をする。 ・今日の活動の製作「風船とばし」を説明する。	・一緒に朝の挨拶をする。 ・一緒に歌を歌う。 ・一緒に説明を聞く。
10:00	○順次、製作活動をしたり、園庭で遊ぶ。 ・早く風船を製作したい子どもは準備から手伝っている。 ・園庭にすぐ出て遊ぶ。 ・保育者の説明を興味を持って聞いたり、その様子を見たりしている。 ・子ども同士、「何を描こうか？」と言葉にしながら描く。 ・テープを付ける時に子ども同士で協力して、やってみようとする。 ・終わった子どもは園庭で遊び、それを見た子どもが製作をしたくなり、テラスにくる。 <準備する物> お絵描きシート、ビニール傘袋、油性サインペン、セロハンテープ、輪ゴム	・子どもと一緒に準備をして「助かるわ、ありがとう」と言葉をかける。 ・子どもが道具を使いやすいようにテーブルに置く。 ・準備ができると実際にやって見せながら、子どもが理解できているか表情を確認しながら説明をする。 ・子どもの様子を見ながら、「かっこいいね」「きれいな色だね」と言葉をかけていく。 ・子ども同士で協力して作る様子を見守ったり、必要な時には手を添えたりする。 ・完成したら名前を書く。 ・完成して遊ぶ子どもに、まだ作っていない子どもを誘ってもらうように言葉をかける。 ・子どもの様子を見ながら、園庭で遊ぶ子どもに片付けの時間であることを伝えていく。	・製作活動の準備や進め方を観察する。 ＊子どもが早く作りたい気持ちを受け止め、準備を手伝ってもらい期待を膨らませていた。 ＊描く絵は、模様であったり、好きな動物だったり、子ども一人一人違っていた。 ＊自分がビンを持って、相手がどのようにするとうまくいくか、相談しながら協力して、時間がかかりながらもテープを付けていた。 ・保育者に言葉をかけてもらい、子どもと一緒に作ってみる。 ＊好きな色を使って、好きな絵を描くことがとても楽しく感じた。子どもたちも「先生、一緒にやろうか」と協力してくれて、嬉しく思った。

POINT ☞
子どもの具体的な姿を記そう。

POINT ☞
実習生の動きと気づきは、「・」や「＊」などマークを変えてわかりやすく区別しよう。

POINT ☞
子どもの活動・保育者の援助・実習生の動きは、内容をそろえて書こう。

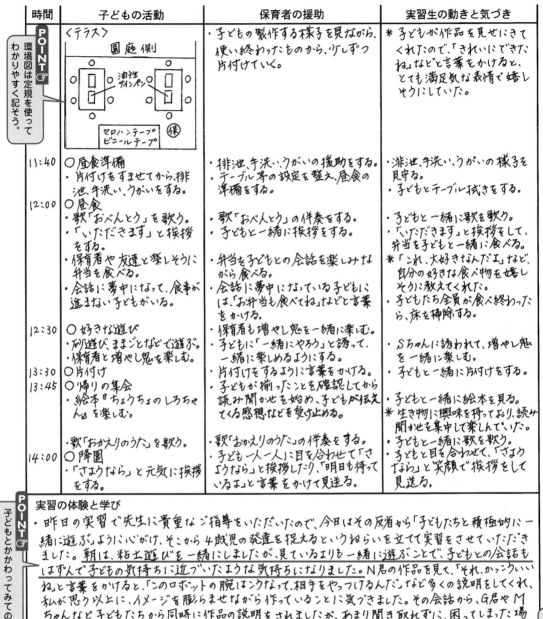

POINT ☞
環境図は定規を使ってわかりやすく記そう。

時間	子どもの活動	保育者の援助	実習生の動きと気づき
	〈テラス〉 園庭側 油性サインペン セロハンテープ ビニールテープ ㋺	・子どもの製作する様子を見ながら、使い終わったものから、少しずつ片付けていく。	＊子どもが作品を見せにきてくれたので、「きれいにできたね」などと言葉をかけると、とても満足気な表情で嬉しそうにしていた。
11:40	〇昼食準備 ・片付けをすませてから、排泄、手洗い、うがいをする。	・排泄、手洗い、うがいの援助をする。 ・テーブル等の設定を整え、昼食の準備をする。	・排泄、手洗い、うがいの様子を見守る。 ・子どもとテーブル拭きをする。
12:00	〇昼食 ・歌「おべんとう」を歌う。 ・「いただきます」と挨拶をする。 ・保育者や友達と楽しそうに弁当を食べる。 ・会話に夢中になって、食事が進まない子どもがいる。	・歌「おべんとう」の伴奏をする。 ・子どもと一緒に挨拶をする。 ・弁当を子どもとの会話を楽しみながら食べる。 ・会話に夢中になっている子どもには、「お弁当も食べてね」などと言葉をかける。	・子どもと一緒に歌を歌う。 ・「いただきます」と挨拶をして、弁当を子どもと一緒に食べる。 ＊「これ、大好きなんだ」など、自分の好きな食べ物を嬉しそうに教えてくれた。 ・子どもたち全員が食べ終わったら、床を掃除する。
12:30	〇好きな遊び ・砂遊び、ままごとなどで遊ぶ。 ・保育者と増やし鬼を楽しむ。	・保育者も増やし鬼を一緒に楽しむ。 ・子どもに「一緒にやろう」と誘って、一緒に楽しめるようにする。	・Sちゃんに誘われて、増やし鬼を一緒に楽しむ。
13:30	〇片付け	・片付けをするように言葉をかける。	・子どもと一緒に片付けをする。
13:45	〇帰りの集会 ・絵本『ちょうちょのしろちゃん』を楽しむ。	・子どもが揃ったことを確認してから読み聞かせを始め、子どもが伝えてくる感想などを受け止める。	・子どもと一緒に絵本を見る。 ＊生き物に興味を持っており、読み聞かせを集中して楽しんでいた。
	・歌「おかえりのうた」を歌う。	・歌「おかえりのうた」の伴奏をする。	・子どもと一緒に歌を歌う。
14:00	〇降園 ・「さようなら」と元気に挨拶をする。	・子ども一人一人に目を合わせて「さようなら」と挨拶したり、「明日も待っているよ」と言葉をかけ見送る。	・子どもと目を合わせて、「さようなら」と笑顔で挨拶をして見送る。

POINT ☞
子どもとかかわってみての振り返りを記してみよう。

実習の体験と学び

・昨日の実習で先生に貴重なご指導をいただいたので、今日はその反省から「子どもたちと積極的に一緒に遊ぶように心がけ、そこから4歳児の発達を捉える」というねらいを立てて実習をさせていただきました。朝は、粘土遊びを一緒にしましたが、見ているよりも一緒に遊ぶことで、子どもとの会話もはずんで子どもの気持ちに近づいたような気持ちになりました。N君の作品を見て、「それ、かっこいいね」と言葉をかけると、「このロボットの腕はこくなって、相手をやっつけるんだ」など多くの説明をしてくれ、私が思う以上に、イメージを膨らませながら作っていることに気づきました。その会話から、G君やMちゃんなど子どもたちから同時に作品の説明をされましたが、あまり聞き取れずに、困ってしまった場面がありました。G君もMちゃんも十分に聞いてもらえず、「今、僕が言ってた」など言い合いになってしまいました。今、振り返ると「G君の次にMちゃんの聞くから待っててね」など言葉をかけていき、きちんと受け止めていくと良かったと反省しました。子どもの話をしっかり聞くとは、保育者としてとても大切なので、同じような場面になった時には、この反省を生かしたいと思います。

・今日の実習のもう一つのねらいは、事前に製作活動をすることを先生から教えていただいていたので、「製作活動の子どもの遊びの様子や援助の仕方について観察する」としました。保育者が準備から片付けまで、できる限り子どもと一緒にしたり、手伝う喜びを感じられるようにしていることは、準備はすべて保育者の仕事だと思っていたので、私にとって大きな学びでした。また、そのようにできるためには、保育者しかできない準備をきちんとしておくことの大切さも感じました。製作は先生が作る順序を丁寧にわかりやすい言葉で説明したり、製作する過程において子どもの意欲や思いを肯定的に受け止めて言葉をかけていました。それによって、子どもがイメージを膨らませて、会話もはずみながら取り組んでいて、とても楽しそうでした。自分で楽しく作った風船を飛ばして遊んでいる子どもたちの表情は、本当に生き生きとしていて、心から楽しんでいることを実感しました。今回の実習では、責任実習もあるので、事前準備や援助をしっかりと考えていきたいと思います。

POINT ☞
実習のねらいについての評価や感想を、具体的な体験や学びを通して記そう。

POINT ☞
明日以降の実習の具体的な場面につなげていくことを記していこう。

8 月 23 日（木）天気（ 晴れ ）	（ 0 ）歳児クラス（ ひよこ ）組	出席：男児（ 7 ）名／女児（ 5 ）名 欠席：男児（ 1 ）名／女児（ 0 ）名	指導者氏名（ ○○○○○ ）

今日の実習のねらい　・保育者同士の連携の在り方や援助の意図に着目して観察をする。

時間	子どもの活動	保育者の援助	実習生の動きと気づき
8：30	○引き継ぎ・順次登園 ・（Aちゃん時間外保育から引き継ぎ）登園時、37.5℃あったとのこと。機嫌が悪く、抱っこを求める場面が多く、なかなか遊び込めない。 ・（Bちゃん1歳0か月）母親が支度をしていると、不安そうに側から離れない。 ・保育者が遊びに誘うと、母親とバイバイする。	・Aちゃんの連絡帳をチェックし、自宅での様子や食事・授乳量・便の状態などを確認した上で、オムツ替えの時に全身状態をチェックする。 ・甘えたい気持ちを受け止め、膝の上で絵本を楽しむなど、静かに一対一の関わりを楽しむ。 ・「おはよう」と挨拶をしたり、Bちゃんの好きな重ねコップをBちゃんから見える位置に積んだりし、遊びに入ろうという気持ちを引き出すよう配慮している。	・発疹、目の充血等、健康観察のポイントを保育者に教えていただき、全身状態のチェックを行う。 ＊オムツ替えの時は、全身状態のチェックも必要だと気づいた。 ＊Bちゃんの不安そうな気持ちを察しつつも、まだ信頼関係が浅いため様子を見守るようにした。 ＊受け入れ時は無理に保護者から離すのではなく、Bちゃんの気持ちがこちらに向かうようにさりげなく配慮しているのだと感じた。
9：00	○朝のおやつ ・初期食、中期食は、ボーロとミルク、後期食はせんべいとミルク、完了食以降は、せんべいと牛乳。初期食、中期食の子どもは保育者の膝で、一対一で食べる。	・登園時間、午前寝の有無を考慮した順番でおやつを準備する。 ・遊びにつく保育者、おやつにつく保育者、受け入れの対応をする保育者と、互いの動きを意識しながら連携して動いている。	・Dくん（7か月）の授乳をする。 ＊初めてなので緊張したが、目と目を合わせるよう意識した。 ＊場面の変わり目では、保育者が各々の役割を、言葉でかけ合わなくても互いに意識して動いているのだと感じた。
9：30	○湯水遊び ・おやつの終わった子どもは服を脱ぎ、シャワーでお尻を洗い、順次たらいに入る。 ・Aちゃんは微熱があるため、室内で好きな遊びを楽しむ。 ・カップなどに湯水を入れて遊ぶ子ども、手で水しぶきをあげてダイナミックに遊ぶ子ども、それぞれの遊び方で楽しんでいる。 ・Eちゃん（1歳2か月）はたらいの中に入りたがらない。	・服を脱ぐ時も、一つ一つの動作に言葉を添えて援助をする。 ・着替えの援助（保育者A）・シャワーの準備（保育者B）・遊びの援助（保育者C）とそれぞれの役割を持って子どもの援助をしている。 ・「面白いね」「気持ちいいね」と子どもの気持ちを言葉にして表している。 ・Eちゃんには無理強いせず湯水を体にかけたりして楽しむ。	＊保育者は互いの動きを意識しながら動いているということに気づいた。 ・転倒したり、湯水を飲んでしまったりしないか注意して見守るようにした。 ＊衛生面の配慮から一つのたらいに一人ずつ入って遊んでいた。
10：00	○入室 ・最初から湯水遊びをしていた子どもも、疲れた様子の子どもの順にシャワーをし入室する。 ・Cくん（1歳3か月）は言葉をかけられると「イヤ」と首を横に振る。 ・着替え終えた子どもは水分補給後好きな遊びを楽しむ。 ・Cくんは、疲れた様子で抱っこを求める。 ・AちゃんとBちゃんがペットボトルを取り合い、喧嘩になる。	・シャワー後は拭き残しのないよう、丁寧に拭く。 ・室内の扇風機は一旦止める。 ・Cくんには「もっと遊びたかったのね」「もうちょっとしたらお茶飲もうか」と言葉をかける。 ・全員が入室した後、たらいや水着の片付けを保育者Dが行う。 ・Cくんの好きな遊びに誘うが、泣き止まないので「いっぱい遊んだから疲れたのね」と抱っこする。	・Dくんの着替えの援助をするが、Dくんは遊びに意識が向いてしまい、うまく援助できなかった。 ＊「着替える」ことばかりにとらわれて、気持ちを向けることができなかった。一方的ではなく「一緒に」という気持ちを持って援助することが大切なのだと気づいた。 ・「Aちゃん、とっちゃだめでしょ」とAちゃんを制止した。 ＊止めなければという思いが先立ちAちゃんも使いたかった気持ちを代弁できなかった。 ・Eくん（9か月）のオムツ替えをする。
10：30	○オムツ替え ・パンツ型オムツの子どもは、オムツ替え用の椅子に座り、オムツ替えをする。 ・Dくん（7か月）は、オムツ台に横になると寝返りをして起き上がろうとするが、保育者に体をさすられ、歌いかけられると笑顔になっていた。	・子どもと目を合わせて、「ズボン脱ぐよ」や「お尻あげてね」と言葉を添えてオムツ替えを行う。 ・Dくんには、体をさすったり、目を見て歌を歌ったりしながら、オムツ替えを行う。 ・遊びの様子を見て、保育者Dは配膳の支度をする。	＊オムツのテープを留めることに必死になってしまい、Eくんの目を見たり、話しかけたりしながら替えることができなかった。 ＊オムツ替えの時は、丁寧に言葉を添え、コミュニケーションを取りながら心地良さ感じてもらうことが大切なのだと気づいた。

POINT☞ 一人ひとりの子どもの様子に応じた援助をとらえて記載しよう。

POINT☞ 一人ひとり異なる子どもの様子をとらえて記そう。

POINT☞ 複数の保育者の動きを意識して記そう。

POINT☞ 保育者の援助の意味を考えて記そう。

時間	子どもの活動	保育者の援助	実習生の動きと気づき
11：20	○昼食 ・オムツ替えを終えた子どもは手を洗いテーブルにつく。 ・保育者と一対一で食事する。 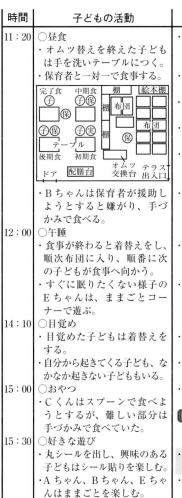 ・Bちゃんは保育者が援助しようとすると嫌がり、手づかみで食べる。	・保育者A・Bは食事の子どもにさりげなく言葉をかける。保育者Cは子どもたちの遊びについている。 ・子どもと目を合わせながら言葉かけをし、一対一で援助を行う。 ・初期食〜後期食の子どもは保育者の膝の上に座り、食事の援助をする。 ・着替えの際は、静かなトーンで子どもに言葉を添える。 ・まだ遊んでいたい子どもには「お布団さん待ってるね」と言葉をかける。 ・体をさすったり、優しくトントンしたり、わらべうたを歌って入眠できる雰囲気を作る。	＊保育者同士の連携が自然にとれていることを感じた。 ＊登園時間、体力などを考慮して食事のグループと順番を考えているのだと保育者の説明を受けた。 ＊月齢によって食事の形状は異なり、食べ方、援助の仕方も異なるということを改めて感じた。 ・食べ終えた子どもの着替えの援助をする。 ＊一人一人眠る時の癖があるのだということに気づいた。 ＊保育者は子どもの意思を尊重しながら布団に入りたくなるよう肯定的に伝えていると感じた。
12：00	○午睡 ・食事が終わると着替えをし、順次布団に入り、順番に次の子どもが食事へ向かう。 ・すぐに眠りたくない様子のEちゃんは、ままごとコーナーで遊ぶ。	・午睡中に泣いて目覚めた子どもには、優しくトントンしたり、「大丈夫だよ」と抱っこしたりする。 ・まだ眠っている子どももいることに配慮し、静かに絵本を読んだり触れ合い遊びを楽しむ。	・午睡中は5分おきにブレスチェックを行う。 ・玩具の消毒を行うと共に安全面のチェックも行う。玩具一つ一つは子どもの視線を考えて配置されていることに気づいた。
14：10	○目覚め ・目覚めた子どもは着替えをする。 ・自分から起きてくる子ども、なかなか起きない子どももいる。	・寝起きが悪い子どもは、無理に起こさず少しずつ言葉をかける。 ・保育者Dは配膳をし、ミルクの準備をする。	＊シーツが濡れるほど汗をかいている子どももいた。新陳代謝が良いことを実感した。 ＊哺乳瓶には名札が付いており、間違えないよう配慮がされていた。
15：00	○おやつ ・Cくんはスプーンで食べようとするが、難しい部分は手づかみで食べていた。	・介助用スプーンを使い、子ども一人では難しい部分を援助する。 **POINT ☞** 発達に応じた配慮を記しておこう。	＊子どもの主体性を尊重しながら、保育者はさりげなく援助しているように感じた。
15：30	○好きな遊び ・丸シールを出し、興味のある子どもはシール貼りを楽しむ。 ・Aちゃん、Bちゃん、Eちゃんはままごとを楽しむ。 ○オムツ替え・水分補給	・シールがはがしやすいように、シールのシートを縦長に切っておく。 ・遊びの区切りの良いところで、オムツ替えに誘う。 ・オムツ替えの終わった子どもにお茶を準備する。	・ままごとコーナーで一緒に遊びながら「おいしいね」「ありがとう」と積極的に伝えるようにした。 ＊全員一斉に動くのではなく子ども一人一人の様子に応じて次の行動に誘っていることに気づいた。
16：30	○引き継ぎ		

POINT ☞ 安全面や衛生面への配慮にも着目して観察しよう。

POINT ☞ 自らのかかわりに込めた意図も記そう。

POINT ☞ 自己の保育を客観的に振り返って気づいたことを記そう。

POINT ☞ 授業で学んだ事柄と照らし合わせて考えてみよう。

実習の体験と学び

　今日はお忙しい中、ご指導をいただきありがとうございました。昨日は、目の前にいる子どもに関わることばかりに意識が向いてしまったので、今日は先生方の動きや意図にまで着目することを目標としました。観察をしていて感じたのは、先生方はお互いの動きを意識し合い、子どもにとって必要なことは何かを考えて動いていらっしゃるのだということです。自分は次に何をしたらよいのかわからないと、「何をしたら良いですか？」と質問していましたが、次の活動は何か、そのために必要なことは何かということを考えていかなければならないと感じました。

　また、先生方の動きや意図に着目する中で、言葉を添えていくことの大切さにも気づきました。着替えの時も先生方は「次は右手ね」「トンネルに頭を通すね」などと一つずつの動きに丁寧に言葉を添えていました。先生にお話を伺った際に「子どもが見通しを持てるように」「繰り返し伝えていくと、子ども自身どうすれば良いのかがわかるようになり自分も一緒にやってみようと思える」といったことを教えていただきました。自分は「早く着替えさせなければ」「早く寝かさなければ」と思ってしまい、気が付いたら無言で援助をしていましたが、子どもにとっては次に何をされるのかわからず不安だったのかもしれません。

　また、遊びの場面でBちゃんのペットボトルをAちゃんが取ろうとする場面がありました。Bちゃんの嫌がる声を聞き、つい「Aちゃん、とっちゃだめでしょ」と言ってしまいましたが、そこで「Aちゃんはなぜ取ろうとしたのか」ということを考えることができず、Aちゃんも使いたかった気持ちを代弁することができませんでした。気持ちに寄り添うことの大切さや、気持ちを言葉にしていく大切さを大学の授業の中で学んできましたが、実際の場面でそうしたことを思い出すことができなかったことを反省しました。

　明日からは、自分のことばかりで手一杯になってしまうのではなく、子どもの気持ちを感じ取ろうとすること、そして子どもにとって必要なことは何かということを意識して接していきたいと思います。

2 月 12 日（火） 天気（ 晴れ ）	ユニット名 （ わかば ）	児童数　男児（ 6 ）名、女児（ 4 ）名 合計（ 10 ）名	指導者氏名 （ ○○○○○ ）

今日の実習のねらい　・児童養護施設の一日の生活の流れと保育者や職員の動きを観察する。
　　　　　　　　　　・子どもの様子を観察し、早く子どもたちに覚えてもらえるよう積極的に関わる。

時間	子どもの活動	保育者・職員の援助	実習生の動きと気づき
6：30	○起床 ・小学生以上の子どもは起床し、洗面、着替えを行う。 ・早く起きる子ども（M子）となかなか起きることができない子ども（Y男）がいる。 ・G男が少し熱っぽいようで顔も赤く見える。	○挨拶 ・子どもたちに笑顔で挨拶をする。 ・一人一人の子どもに合わせて、うつむいている子どもには目を合わせるようにして挨拶をする。 ○健康観察 ・子どもたちの健康状態について顔色を見たり、触れたりして確認をする。 ・少し顔が赤く熱っぽいG男の体温を測り、体調の確認をする。	・子どもたちに早く覚えてもらえるよう、自分の名前を伝えながら一人一人に挨拶をする。 ＊すぐに笑顔で挨拶を返してくれる子どももいれば、うなずく程度の子どもがいるなど、挨拶だけでも子どもは一人一人異なると感じた。 ・G男の顔が赤く、熱があるかもしれないことを保育者に伝える。
6：40			
6：45	○朝食・弁当準備と手伝い ・支度が早く終わった子どもは朝食の手伝いを自ら行う。 ・テーブルを拭いたり、食器を出したりする。	○朝食・弁当準備 ・子ども一人一人の様子を確認しながら朝食と弁当を作る。 ・食物アレルギーのあるL子の食事を確認し、印をつける。	・子どもと一緒に食器を出したり、朝食を盛り付ける。 ＊アレルギーのある子どもの食事の用意など、朝食などの準備だけでも、多くの配慮が必要だと感じた。
7：00	○朝食 ・子ども同士、会話を楽しみながら食事をする。 ・年齢の高い子どもは年齢の低い子どもの食事の手伝いをする。 ・箸がうまく使えないH男にJ男が教えていた。	・アレルギー食は間違いが起こらないよう、保育者自身で配膳を行う。 ・子どもの話に耳を傾け、子ども同士の会話を大切にしながら、保育者自身も会話に入り食事をする。 ・子どもの今日の学校の予定など聞いたり、登校の時間に間に合うか時間を確認しながら食事をする。	・子どもと一緒に食事をとる。 ・登校の時間に間に合うよう食事が遅い子どもには言葉をかける。 ＊登校時間に間に合うよう言葉をかけるが、全体の時間のバランスを考えていなかったため、急いで食事を進めなければならず、全体の時間を確認しながら言葉かけを行う必要を感じた。
	○起床 ・C子（幼児）が起床し、洗面・着替えを保育者と一緒に行う。 ・保育者と食事をする。 ○歯磨き・排泄 ・歯磨き、排泄をすませる。 ・歯磨きはC子自ら行う。	・C子の食事の準備を行う。 ・C子と会話しながら食事をとる。 ・C子の歯磨きに磨き残しがないか、保育者が確認する。 ・小学生の子どもの持ち物を確認する。 ・中学生と高校生は子ども自身に持ち物の確認をするよう伝える。 ・高校生には弁当を手渡す。	・C子を起こし、着替えの手伝いを行う。 ・食後の片付けをする。 ・C子の歯磨きの様子を見守る。 ＊C子の歯磨きについ手を出してしまいそうになったが、歯磨きを一人で行おうと頑張るC子を見守るように心がけた。
7：45	○登校 ・小学生以上の子どもは登校の時間に合わせて、順次登校する。	・子ども一人一人を笑顔で見送る。 ・熱のあったG男の欠席連絡を学校に入れる。	・子どもが気持ち良く登校できるよう外に出て笑顔で見送る。
8：30	○登園 ・C子は保育者と一緒に幼稚園に登園する。	・C子と今日、幼稚園で何をするのかなと話をしながら幼稚園に行く。	・C子を見送る。 ・子どもたちの部屋や共同スペースなどの掃除を行う。
9：00	○病院 ・熱のあったG男は職員と病院へ行く。	・G男を連れて病院に行く。G男が不安にならないよう、「大丈夫だよ」などと優しく言葉をかける。 ・G男に薬を飲ませ、布団に入るよう言葉をかける。	＊事前に子どもたちの部屋の物には触れないよう指導を頂いていたので、触ったり動かしたりしないよう気を付けた。 ・子どもたちの洋服を洗濯する。
11：30	・G男は病院から戻り、薬を飲み、布団に入って眠る。	・G男の様子が見える位置で、事務作業などを行う。	＊洗濯の量が多く、驚くと同時に、衣類などを清潔に保つことも大切な援助と感じた。

POINT☞ 年齢による生活時間の違いに着目して記載しよう。

POINT☞ 年齢に応じた援助の違いに着目して記そう。

POINT☞ 生活の援助の意味についても考えて書こう。

時間	子どもの活動	保育者・職員の援助	実習生の動きと気づき
	休憩時間		
13：50 14：00	○C子帰宅 ・C子が幼稚園から保育者と一緒に帰宅する。 ○好きな遊び・おやつ ・保育者と幼稚園の話をしながらおやつを食べる。 ・C子は実習生と積み木で遊んだり、絵本を一緒に見たりして遊ぶ。	・C子を幼稚園に迎えに行く。 ・おやつの支度をする。 ・C子に今日、幼稚園で遊んだことや友達についての話を聞いたりしながらおやつを食べる。 ・おやつの片付けを行い、小学生の帰宅の準備をする。	・C子のおやつの準備を手伝う。 ・C子と保育者と一緒におやつを食べる。 ＊C子に話しかけたかったが、保育者に夢中になって話していたため言葉をかけることができなかった。 ・C子と積み木で遊んだり、絵本を読んだりして遊ぶ。
15：00	○小学生帰宅 ・学校からそれぞれ帰宅する。	・笑顔で小学生の子どもたちの帰宅を迎え、学校での出来事などを聞く。	・子ども一人一人に「おかえり」と笑顔で言葉をかけ迎え入れる。
15：30	○おやつ ・実習生と一緒におやつをとる。 ・保育者や実習生に今日学校であった話や明日の予定などを話す。	・小学生の子どもたちのおやつの準備をする。 ・子どもたちとコミュニケーションを取りながら、今日の出来事だけではなく、明日の学校の予定などを聞いたりしながらおやつをとる。	・子どもたちと一緒におやつの席に着き、学校での話などを聞いたりする。
16：00	○宿題・学習・自由時間 ・L子は実習生と一緒に国語の宿題を行う。 ・テレビを見たり、ゲームなどをして保育者や実習生と遊ぶ。 ・Y男が見たいテレビ番組があり、保育者に放送時間を聞く。	・全員の子どもたちの様子に気を配りながら、子どもたちとゲームをしたりする。 ・Y男にテレビ番組の時間を聞かれ、新聞のテレビ欄を見せて、放送時間を教える。 ・入浴の準備を行う。 ・子どもたちに入浴の順番を確認し、準備するように伝える。	・L子の宿題を見る。 ＊答えを教えてしまうことがないように、L子が自ら解答を導けるよう心がけた。 ・子どもたちと一緒にゲームをしたりして遊ぶ。 ＊保育者は、テレビの放映時間をY男に聞かれ、時間を伝えるだけではなく新聞で確認することを教えていた。
17：00	○入浴 ・幼児から順番に入浴する。	・子どもたちの入浴の様子を見守りながら、夕食の支度をする。	・C子と一緒に入浴し、C子の体を洗ったり、シャンプーの手伝いなどを行う。

POINT☞ 自分が子どもとのかかわりで留意したことも書こう。

実習の体験と学び

　施設での初めての実習で、昨日のオリエンテーションから少し緊張していました。早番での実習一日目でしたので、一日の生活の流れや保育者や職員の方の動きを理解することと、私自身を子どもたちに早く覚えてもらえるよう子どもたちに積極的に関わることを目標に実習を行いました。

　宿泊での実習は初めてでしたので、起床や朝食の準備など幼稚園や保育所では経験できないことばかりで始めは緊張してしまいました。しかし、子どもたちにとっては、実習生がきても毎日の生活であり、保育者や職員の方に言葉をかけてもらわなくても、朝の食事の手伝いや、年齢の低い子どもたちの手伝いを積極的に行っており、生活のリズムがしっかりとできていること、思っていた以上に自立していることに驚きました。最初は驚くばかりでなかなか子どもたちに積極的に関わることができませんでしたが、時間が経つにつれ、子どもたちにとって施設での生活は日常であり、普段の私自身の生活と同じであることに気づき、少しずつ自然に関わることができるようになったように思います。

　今日はC子と関わる時間が多く、歯磨きの様子など見ましたが、できなそうなところで、C子自身が自ら取り組んでいるのに、つい手を出してしまいそうになったことや、C子に言われた通りに遊んでしまったり、もう少し色々な遊びの提案ができればよかったと反省しています。

　また、一日の流れや保育者や職員の方の動きを理解すると目標にあげていましたが、一日の流れは知ることができたように思いますが、保育者や職員の方の動きに、目を向ける余裕が持てず、明日からの実習では、保育者や職員の方の動きについてももっと観察させていただき、どのような援助や配慮があるのかを学んでいきたいと思っています。明日の実習についてもご指導よろしくお願いいたします。

POINT☞ 実習のねらいが達成できたか振り返ろう。

日時	5 月 17 日 (木)　天気 （　くもり　）	実習生氏名	（ ○　○　○　○　○ ）
指導者氏名	（ ○○○○ ） 先生 （ ○○○○ ） 先生	男児 （ 3 ） 名 / 女児 （ 3 ） 名 /	U児（7か月）、M児（9か月）、A児（1歳2か月） S児（9か月）、H児（10か月）、I児（1歳1か月）
実習のねらい	・一日の流れを知る。 ・子どもの月齢差に着目し観察する。		

時間	子どもの活動	職員の援助（・）、実習生の動きと気づき（※）
8：30	○朝食が終わり部屋に戻る。 ・玩具で遊ぶ（S児：9か月）。 ・テレビを見る（A児：1歳2か月）。 ・好きな遊びをする（I児：1歳1か月）。 ○オムツ交換。	※引き継ぎ業務に参加する。 ・宿泊担当者から昨日の就寝時の様子を聞く。 ・一人一人の体調面、精神面の注意事項を確認する。 ※本日の予定について把握する。 ・オムツを確認し汚れていたら交換する。
9：15	○戸外に出る準備をする。 ・上着、靴下を身に着ける。 ・靴を履く。 ○戸外遊びをする。 ・車の遊具に乗って遊ぶ。 ・ブランコに乗る。 ・砂場で遊ぶ。	・引き継ぎに参加しない職員は子どものそばで遊んでいる。 ・戸外に出る前に上着、靴下、靴など身支度をする時にも言葉をかけながら行う。 ・抱きかかえながら外へ出る子どももいるため子どもの遊んでいる場所を把握する。 ※A児を抱きながら外に出て、たくさん話しかけた。少しずつ表情が変わってきた。
9：50	○居室に戻る。 ・上着、靴下を脱ぐ。	
10：00	○おやつ ・手を拭いてもらう。 ・おやつを食べる。 ・オムツを交換する。 ・水分補給をする（白湯を飲む）。 ○散歩に行く。 ・散歩車の中から周囲を眺め興味を持っている。	・おやつの準備をし、食べる介助をする。 ・散歩車を準備する。 ・おやつが終わったら手、口を拭く。 ・散歩車に乗せる準備をする。 ・オムツを確認し汚れていたら交換する。 ・水分補給の準備をし、居室に連れて行く。 ・帽子を被り、外に行く話をする。 ・職員が言葉をかけ子どもの興味に対応する。 ※子どもたちと一緒に散歩する。 ・安全に気を付け、目を離さないように散歩車を押す。時間配分を考えながら走行する。 ・自然物や周囲の環境に興味が持てるように言葉をかける。
10：40 11：20	・居室に戻る。 ・手洗いをする。 ・オムツを交換する。	・走行しながら歌を歌い楽しい雰囲気を作る。 ・水分補給が必要な子どもを常に留意する。 ・オマルに座れる子どもはトイレトレーニングを始める。
11：40	○昼食 ・テーブルのそばに座る。 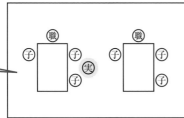 ・自分で食べようとする子どもがいる（I児：1歳1か月）。 ・スプーンや、食器を振り回す子どもがいる（A児：1歳2か月）。 ・食事をこぼしたり、食器を倒したりする（M児：9か月）。 ・手で食べ物を触りなかなか食べない子どもがいる（H児：10か月）。 ・職員が食べさせてくれることを待っている（U児：7か月）。	※オムツ交換では玩具を持って夢中になり動かない子どももいるが、玩具を持つことでうつ伏せになってしまう子どももいるので時間がかかってしまった。 ・昼食の準備をする。 ※台拭き、雑巾を用意し、昼食の準備を手伝う。 ・手洗いをし、エプロンを着ける。 ・テーブルに座るように援助する。 ・自分でスプーンが持てる子どもには渡す（1歳以上）。 ・食器を振り回し周りにぶつからないよう留意する。 ・食事中言葉をかけながら、食事介助をする。 ※M児の食事介助をした。言葉をかけ、私自身も口を開けながらペースを合わせていたら笑顔で食べた。 ※数か月の月齢の違いでも子どもたちの食事の仕方が異なり、援助の仕方も違っていることを学んだ。

時間	子どもの活動	職員の援助（・）、実習生の動きと気づき（※）
12：30	○午睡をする。 ・すぐに寝付くことができない子どもがいる（A児：1歳2か月）。 ・機嫌が悪く泣いている子どもがいる（S児：9か月）。 ・うつ伏せになっている子どもがいる（M児：9か月）。 ・体調が悪くなる子どもがいる（I児：1歳1か月）。 ・早く起きてしまい遊び始める子どもがいる（H児：10か月）。 ・寝起きが悪く泣いている子どもがいる（U児：7か月）。	・床やテーブルを拭き掃除をする。 ・布団を準備する。オムツ交換や着替えを行う。 ・自分で着替えられるところはできるだけ自分で行うような援助をする。 ・子どもが眠れるように、そばに寄り添い体に軽く触れたり、さすったりする。 ・機嫌が悪い子どもは体調面の異常がないか、排泄面、水分補給など個々に対応をする。 ・うつ伏せになっている子どもは仰向けに戻す。 ・おやつの準備をする。 ・5分を目安に子どもの様子を確認する。 ・部屋の掃除をする。
14：00	○目覚める。	・目覚めの時に機嫌が悪い子どもには傍につき抱き上げたり、言葉をかけたり個々に対応する。 ※U児に授乳をした。始めは私の目を見ながら調子良くミルクを飲んでいたがぐずり始めてしまった。職員に代わっていただいたら落ち着いた。
15：30	○おやつ ・おやつを食べる。 ・自分で食べようとする子どもがいる。 ・なかなか口に運べず癇癪を起こす子どもがいる。 ・食べ物で遊ぶ子どもがいる。 ○沐浴 ・順番に入浴をする。 ・沐浴後オムツ交換をして着替えをする。 ・沐浴をしないで待っている子どもは好きな遊びをしている。 ・水分補給をする。 ○室内遊び ・玩具で遊ぶ。 ・音楽を聞いて体を動かす。 ・絵本『いないいないばあ』を見る。 絵本　布製玩具　ベッド	・おやつが楽しく食べられるように言葉をかける。 ・食べ終わったら手や口を拭く。 ・床やテーブルを拭き掃除をする。 ※H児の近くでおやつを食べていたら私におやつを何度も渡してくれた。 ・お湯加減を確認し、タオル、着替え、オムツを揃える。沐浴室の準備をする。 ・着替えをする。沐浴後の気持ちに寄り添い言葉をかける。沐浴をしていない子どもも見守る。 ・水分補給の白湯を用意する。 ・楽しく遊べるように環境を整える。 ※I児はパズルの遊具で遊んでいた。形がはまるように考えながら遊んでいた。 ・BGMなどをかけながら楽しい雰囲気を作る。 ・絵本の読み聞かせを行う。 ・歌を歌うことで温かい雰囲気を作る。
17：00	○夕食 ・テーブルのそばに座る。 ・自分で食べようとする子どもがいる。 ・スプーンや、食器を振り回す子どもがいる。 ・食事をこぼしたり、食器を倒したりする子どもがいる。 ・手で食べ物を触り食べない子どもがいる。 ・職員が食べさせてくれることを待っている。 ○居室に戻る。	・夕食の準備をする。台布巾や雑巾を用意する。 ・手洗いをする。テーブルに座るよう援助する。 ・椅子に座りエプロンをつける援助をする。 ・スプーンや食器を持ちたい子どもには少しずつ自分でできるように援助をする（1歳以上）。 ・個々に食事介助をする。 ・食べ終わったら、手や口の周りを拭き、エプロンを外し居室に移動する援助を行う。 ・テーブルや椅子の上の掃除をする。

POINT☞ さまざまな子どもの姿を記そう。

POINT☞ 自分のかかわりに対する子どもの反応について考察し記述しよう。

実習の体験と学び

　今日は、一日の流れを知ることと、子どもの月齢差に着目し観察することを目標として実習に臨みました。私自身、乳児を抱く経験が少なかったのでとても不安でした。やはり抱き方が慣れていなかったようで、子どもがぐずり出してしまう場面もありました。職員の方に代わっていただくとすぐに笑顔になり子どもは安心できる状態がわかるのだと感じました。乳児は言葉で話さない分、表情、行動、態度で表すことも実際に体験できました。食事介助の時ももう少し食べたいのか、お腹がいっぱいなのかを見抜くことがとても難しく、保育者が理解していなければならないことを学びました。また、スプーンを使い自分から食べる子ども、手づかみで食べようとする子どもなど、月齢により子どもの発達や食事に対する意欲は異なり、その子どもの発達と意欲などに合わせた援助の大切さを学びました。明日は一人一人の子どもの様子をしっかりと観察し、今日よりも自分からたくさん言葉をかけていきたいと思います。

日時	9 月 22 日 （水） 天気 （ 晴れ ）		実習生氏名	（ ○ ○ ○ ○ ○ ）
指導者氏名	（ ○○○○ ） 先生 （ ○○○○ ） 先生		つつじグループ　男児 （ 4 ）名 女児 （ 6 ）名	
実習のねらい	・職員の援助を観察し、一人一人の特性に応じた援助について学ぶ。			

時間	子どもの姿	職員の援助（・）、実習生の動き（▽）と気づき（※）
7：00	○起床・洗面・着替え・排泄 ・起床した子どもは、顔を洗い、着替えをする。 ・A児は着替えをもったまま座って歌を口ずさんでいる。 ・B児は寝起きが悪く、布団に入ったままで起きようとしない。	・カーテンを開け、一人一人の子どもに起床の言葉かけをする。 ・子どもの状況に応じて、洗面や着替えの援助をする。 ▽A児に「おはよう」と伝え、パジャマのボタンを外すのを手伝おうとすると、A児は援助を嫌がる。 ※A児には、いつもの手順があることを職員から聞き、一人一人の意思を尊重することの大切さに気づいた。 ・B児に時間をおいて何度か言葉をかけるが起きないため、昨日の様子を他の職員に確認し、検温をする。 ※健康状態の把握にあたっては前日の様子を確認するなど、職員間の連携が必要であることに気づいた。
7：40	○朝食・服薬・歯磨き ・C児は職員がスプーンに載せた白飯を口に運ぶ。 ・D児はあまり噛まずに急いで食べようとする。 ・服薬のある子どもは、職員に名前を呼ばれてから薬を飲む。	▽トレイの名前プレートを確認しながら配膳を行う。 ・自分で食べる姿を見守りながら、必要に応じて援助を行う。 ※一人一人の意欲を尊重しながら難しい部分をさりげなく援助していることに気づいた。 ・D児の顔を見ながら一緒に口を動かし、D児が嚥下したタイミングで「おいしいね」と伝える。 ※職員が一緒に口を動かすことで、ゆっくり食べることを伝えていることに気づいた。 ・服薬の際には複数の職員で名前・薬の種類や服用量の確認を行う。
8：20	○登校・登園 ・学齢児はスクールバスに乗り、登校する。 ・幼児は職員と幼稚園へ通園する。	・一人一人の持ち物を子どもと一緒に確認する。 ・C児の連絡帳に起床時間や朝食摂取状況を記載する。 ※子ども一人一人の様子を把握し、園や学校に情報を共有し、連携を大切にしていた。
9：00	○ミーティング	・子どもの様子や健康状態をミーティングで伝え合う。 ※勤務時間の異なる職員間で情報の細かな共有がなされていた。
9：20	○洗濯・清掃	※栄養士・看護師等、職種間の連携の大切さにも気づいた。 ▽洗濯を行った後、施設内の清掃と環境整備を行う。
	休憩（10：30 〜 14：30）	
14：30	○下校・降園・着替え・排泄 ・着替えの時にE児はゆっくりボタンをはめようとする。 ・D児はトイレで排泄をする。	・一人一人の意欲や状態に合わせて援助をする。 ※子どもの意欲に応じて、急かさずに着脱を見守っていた。 ・チェック表にD児の排泄状況を書き込む。 ※全ての職員が一人一人の排泄状況を把握できるような配慮がなされていることに気づいた。
15：00	○おやつ ・C児は「いただきます」の挨拶をした後も食べずにいる。 ・手渡された袋をC児は自分で開けると、ビスケットを食べ始める。	・C児の様子に気づき、ビスケットの袋を少しだけ開け、C児に手渡す。 ※C児が自分でできる部分を残すことで、C児の意欲を引き出せるよう配慮していた。 ▽おやつ後に、テーブルを移動して余暇活動の環境をつくる。
15：30	○余暇活動 ・モビール作りとカレンダー作りとに分かれ、自分のしたい活動に参加する。	・実物を見せながら、どちらの活動に参加したいか一人一人にたずねる。

POINT 一人ひとり異なる姿をとらえ、記録していこう。

POINT わからなかったことはそのままにせず、休憩時間等に職員に質問しよう。

POINT 環境の意味にも目を向けてみよう。

時間	子どもの姿	職員の援助（・）、実習生の動き（▽）と気づき（※）
	・モビール作りでは、色紙をＦ児は手でちぎり、Ｅ児ははさみで切る。 ・切った後にモビールの紐にのりづけをする。	※これからすることをわかりやすく伝えるとともに、活動を自分で選択することで一人一人の意思を尊重していると感じた。 ※一人一人の手指の発達に応じた方法で取り組むことができるよう配慮されていることに気づいた。 ※切った色紙を入れるトレイが一人ずつ用意され、他児のものと混ざらないよう配慮がされていた。
	・Ｆ児は色紙を紐にのり付けしようとするが、曲がってしまうことが気になりイライラした様子を見せる。	▽Ｆ児ののり付けの援助をするが、Ｆ児は「やめて」と援助の手を払いのけようとする。 ※見守るだけの自分自身に焦りを感じ、Ｆ児が自分でしようとしていることを先回りしてしまっていたことに気づいた。
	・10月のカレンダー作りでは、画用紙に絵を描き、台紙に貼る。 ・Ｇ児はできあがったカレンダーをうれしそうに担当職員に見せる。	・Ｇ児に応え、「素敵なカレンダー、ここに飾ってもいい？」と食堂に飾ることを提案する。他の職員も「Ｇちゃんの絵があるとお部屋が明るくなるね」と肯定的な言葉を伝える。 ・活動が一段落すると、Ｆ児に入浴の絵カードを見せる。 ※視覚的な方法を用いて生活の見通しが持てるよう配慮をしていることに気づいた。
16：40	○入浴 ・数人ずつ名前を呼ばれた順に入浴をする。	・一人で入浴ができる子どもには、洗い残しがないかをたずねたり、実際に見てチェックをし「きれいになったね」と伝える。 ▽着脱衣やドライヤーで髪を乾かす支援を行い、「さっぱりしたね」と心地よさを感じられるよう言葉を添える。
18：00	○夕食・服薬・歯磨き ・食事をしながら、その日にあったことを伝える姿が見られる。 ・Ｆ児は、千切りにした形態のものを食べる。	▽うなずいたり共感の言葉を示しながら、子どもの伝えたい気持ちを大切に、言葉一つ一つに耳を傾けるように心がける。 ※Ｆ児は感覚の過敏さがあるが細かく刻むことで食べることができるものが増えているため、調理職と連携して食形態を配慮していることを伺った。
19：30	○就寝準備・余暇活動 ・幼児はパジャマに着替え、排泄をして就寝準備をする。 ・学齢児はホールでテレビを見たり、読書やパズルをして過ごし、余暇の時間を過ごす。	・一人一人の特性を踏まえ子どものペースに応じて援助する。 ・必要に応じて、枕元に付き添ったり添い寝をする。 ・学齢児はそれぞれに好きなことを選んで過ごし、職員はホールで子どもと一緒にテレビを見ながら一緒に談笑する。 ※子どもたちと共に楽しい時間を過ごすことで、子どもたちに安心感をもたらし、子ども同士のコミュニケーションのきっかけをつくっていることに気づいた。

POINT ☞ 自分自身が一つひとつの援助に込めた思いを書こう。

POINT ☞ いただいた助言等も記しておこう。その際、助言と自分の気づきを混同しないよう気をつけよう。

実習の体験と学び

　本日はご指導をいただき、ありがとうございました。昨日までの実習で、一人一人の特性が理解しきれずに、自分の援助が適切でないと感じる場面が多かったため、本日は「職員の援助を観察し、一人一人の特性に応じた援助について学ぶ」をねらいとし、実習に臨みました。記録を通して一日を振り返る中で、職員の方々は子どもが自分の力を発揮できるよう、一人一人の意思を尊重しながら、生活のあらゆる場面で細かな配慮をされていることに気づきました。自分自身の援助を振り返ると、自分の力のなさに焦りが先立ってしまい、子どもの思いやペースを尊重できていなかったことにも気づきました。自分のすることばかりに目を向けるのではなく、子ども一人一人の心の動きを感じ取ることを明日からの実習では大切にしていきたいと思います。

　また、職員の方々がミーティングをはじめとし、様々な場面で体調や排泄の状況等、子どもの姿を細かに共有されていることにも気づきました。そうしたことから、職員間の連携が一人一人の特性に応じた配慮の後ろだてとなっていることを学び、職員の方々が頻回に言葉をかけ合い、ふとした場で対話をされていることの意味を理解しました。明日の実習では職員間の連携に着目して学びたいと思います。また、自分が保育者となった時には、一人一人の特性の理解を深めることに努めるとともに、一人一人を尊重した援助の実現のために、多くの方と連携することを大切にしていきたいと本日の実習を通して強く感じました。

POINT ☞ ねらいをもとに客観的に一日を振り返り、一つひとつの援助や配慮の意味を考察しよう。

POINT ☞ 振り返りから見えてきたことが翌日以降の実習につながるよう意識してみよう。

実習日誌を実際に書くときのポイント

🔵 実習日誌はていねいに読みやすく書く工夫をしよう

　実習日誌は毎日、実習先の指導担当者に読んでいただき実習の指導を受けたり、後で自分で読み返して実習での学びを深めたりするものです。よりよい指導を受けるためにも、自分の学びをさらに深めるためにも、実習日誌は**ていねいに、読みやすく書く工夫をする**ことが求められます。

　たとえば、実習日誌例にもあるように、ひとまとまりの内容ごとに「○」や「・」「※」などを用いて表記したり、実習生の動きと気づきの欄では動きを「・」、気づきを「＊」（本書 p.26 参照）というように**マークを使い分けたりすると読みやすくなります**。

🔵 実習日誌の「実習のねらい」を大切にしよう

　実習では、毎日、ねらいをもって実習に臨むことがとても重要です。この後詳しく述べますが、「実習のねらい」とは、実習生である自分が主体的にその日の実習で「何を学びたいか」という具体的な実習の課題のことです。実習日誌例（本書 p.26 参照）にあるように、**「実習のねらい」は具体的に書きます**。実習の日々を受け身で過ごすのではなく、自ら学びたいことを明確にして毎日実習に臨むことで実習での学びは充実したものとなるでしょう（本書 p.38 参照）。

🔵 具体的な子ども・保育者・実習生の姿を記述しよう

　養成校での学びは、理論的な学びが中心となりますが、実習は毎日が具体的な出来事の連続です。こうした貴重な体験を記述していくように心がけましょう。子どもや利用者、保育者や職員、実習生自身の姿を抽象的に記述するのではなく、**具体的に記述し、その具体的な姿、出来事から学ぶことに実習の意義があります**。たとえば、実習日誌例にあるように、ただ子どもが遊んだという記録にとどまるのではなく、何をして遊んだのか、そのときの様子はどうだったのか、それに対し保育者や実習生がどのようにかかわったのかを記録するようにしましょう。

🔵 具体的な姿からその意味を考えよう

　具体的な姿が見えてくると、その行為の深い意味が考えられるようになります。"あのとき○○ちゃんはなぜあのような行動をとったのか""あのときなぜ保育者や職員はあのようにかかわったのか"、そこには大切な意味があります。**表面的な姿だけでなく、その内面にある意味をとらえていくことが保育者としての専門的な学びとなります**。一つひとつていねいに考察して、記述していくようにしましょう。

　また、具体的な姿や出来事を授業での学びと照らし合わせて考察することで、実践と理論の統合を図り、学びが深まっていきます。

● 翌日につながる実習体験の振り返りをしよう

　実習ではうまくいくことばかりではありません。一生懸命に取り組んでいても、思い描いたように動けなかったり、失敗することもあるでしょう。しかし、そのようなことを恐れる必要はありません。**失敗を恐れるのではなく、学びとし、次に生かしていくことが大切**です。毎日の実習日誌では、そうした実習体験の振り返りを大切にし、翌日の実習の課題を明確にしていくようにしましょう。

column　　助言をいただきやすい実習日誌の書き方

　実習日誌に書いていただく保育者や職員からの助言は、とてもうれしいものですし、何よりも実習での学びをより深めてくれる貴重なものです。実習日誌に助言をいただく上で、実習生としてどのようなことに気をつけたらよいか、実習指導をされている保育者の方にうかがってみました。

　　私も実習生のときに先生にいただいた助言で、励まされたり子どもや保育の理解を深めたりできたので、実習日誌の助言欄にはできるだけ記載するようにしています。自分が助言を書くようになり、助言がしやすい実習日誌と、そうでない実習日誌があることに気づきました。

　　たとえば、「AちゃんとBちゃんのけんかの際、仲裁に入りましたが、うまく仲裁できませんでした。先生方の様子をよく観察し、けんかの仲裁について学びたいと思います」という日誌より、「AちゃんとBちゃんがブロックを取り合ってけんかをしていました。Bちゃんが"Aちゃんが取った"と私のほうにきたので、Bちゃんと一緒にAちゃんのところへ行き"返して"と言いましたが、Aちゃんは"Bちゃんが取った"と言います。2人共お互いに"取った"というのでどう対応してよいかわからず困ってしまいました」と具体的な記述があると助言がしやすいです。どのような状況か、何に困ったのかなど、具体的に書かれていないと、助言もどうしても抽象的になってしまいます。目の前にいる子どもの姿や日々の保育を学んでほしいので、その子どもたちの具体的な記述が日誌に書かれていると、自然と助言もたくさん書きたくなります。

　　私も経験したことですが、かっこよく書きまとめようと意識し過ぎると、文章が抽象的になってしまうことがあります。あまりむずかしく考えずに、子どもとかかわって、おもしろいなと思ったこと、どうしてだろうと思ったことなど、素直に感じたことを具体的に記述してみてください。そして、そうした出来事を通して自分なりに感じたことや考えたことを素直に書いてみてください。私たちも実習生さんの実習日誌から学ぶことがたくさんあります。実習日誌を通して、互いに学び合い、子どもにとってもよい保育を考えていくことができればと思っています。

（公立幼稚園　教諭）

実習課題と日々の実習のねらいの立て方

実習の段階に応じた実習課題やねらいを立てよう

　1回（たとえば10日間）の実習の中でも初日〜3日目（初期）、4日目〜7日目（中期）、8日目〜最終日（後期）といったように実習の経験が進むにつれ、実習生として学ぶ内容や求められる内容も異なってきます。また、観察や参加が中心で簡単な部分実習なども行う1回目の実習、参加が中心で部分実習に加え、責任実習も行う2回目の実習といったように、実習回数を重ねることでもさらに学ぶ内容も深まってくることでしょう。このように、自分自身の実習段階に合わせた実習課題や日々のねらいを立てることが大切です。

実習課題と日々の実習のねらいを立てよう

実習課題の立て方を理解しよう

　実習に取り組むにあたり、実習全体を通して「学びたいこと」、つまり実習課題を立てます。実習課題はどのようにして立てたらよいのでしょう。手順とそのポイントを確認しておきましょう。

① **実習で学びたいことをいくつもあげてみる**：このとき、「自分が行う実習の目的・段階・内容」「前回の実習での学びや反省」「養成校での学びから興味や関心のあること」を踏まえて考えるとよいでしょう。

② **①であげた学びたいことを具体化する**：学びたいことが抽象的だと実際の実習で何を学ぶのかがわからなくなります。学びたいことをより具体的に明確にしていきます。

③ **具体的になった学びたいことを整理し、順序立てて文章にする**：学びたいことをただ列挙するだけではわかりにくいので、整理し、順序立てて文章にします。

日々の実習のねらいの立て方を理解しよう

　実習課題を明確にすると共に、日々の実習のねらい、つまりその日の実習で「学びたいこと」を実習日誌の中で明記していくことも大切です。毎日、実習日誌を書く中で、「今日はもっと○○すればよかった」「○○のとき保育者はどうしているのだろう」など、その日の反省や学びから翌日の実習のねらいが自然と見えてきます。このように、**実習日誌を書きまとめ、実習を振り返る中で、翌日の実習のねらいを立てていくことになります。**

　一方で、実習が始まる前に実習1日目から最終日までの日々の実習のねらいを事前に考えておくことも大切です。実習全体を通しての実習課題を達成するためにも、順序立てて毎日学びたいことを考えておきます。こうしておくことで、実習の学びを計画的に進めて

いくことができるでしょう。しかし、計画どおりに学びが進まないこともあるので、あらかじめ計画した実習のねらいは、前述のとおり、日々の実習を振り返る中で修正、加筆して、より実際にあった具体的な実習のねらいにしていきます。

では、実習生 A さんの実習課題と日々の実習のねらいを紹介します。

実習課題例　保育所 1 回目（観察・参加・部分実習）の実習

> 　初めての保育所実習にあたり、実際に子どもたちと園生活を共にすることを通して、保育所の生活の実際、そこでの保育者の役割や職務内容について学びたいと思います。特に、以下の4点について具体的に学ぶことを課題としたいと思います。
>
> 　1つ目は、○○保育園の一日の生活の流れについて学びたいと思います。登園から降園までの子どもたちの生活リズムについて理解すると共に、そうした園生活を支える保育者の役割や具体的な関わりを良く観察し学んでいきたいと思います。
>
> 　2つ目は、子どもの発達過程について学びたいと思います。基本的生活習慣や運動機能、遊びや人間関係、言葉の発達に着目し、年齢や月齢の違いによる発達の様子について学びたいです。また、発達に応じた保育者の子どもへの関わりの様子も良く観察し学びたいと思います。
>
> 　3つ目は、○○保育園で大事にされている自然との関わりによる保育について学びたいと思います。園内の自然環境や自然環境への子どもの関わりの様子を良く観察し、自然との関わりによって子どもがどのような経験をし、どのような育ちにつながっていくのかを実際の場面から考えたいと思います。
>
> 　4つ目は、部分実習での計画の立案と実践です。手遊びや絵本の読み聞かせなど、子どもたちの発達や興味・関心に合った内容を計画し、自ら実践することを体験させていただきたいと思います。

POINT☞　学びたいことをわかりやすく、記述しよう。

POINT☞　学びたいことを具体的に書こう。

POINT☞　実習先の特色を踏まえて課題を設定しよう。

POINT☞　実習の段階を踏まえて課題を設定しよう。

POINT☞　その日の配属クラスや保育の予定を踏まえてねらいを考えよう。

日々の実習のねらい

日	実習のねらい	クラス	保育予定
4日目	・2歳児クラスの一日の生活の流れを観察し、学ぶ。 ・子どもとの関わりを通して、発達の様子を観察し、学ぶ。	2歳児	
5日目	・子どもの遊びと友達との関わりの様子を観察し、学ぶ。 ・身体測定での子どもの様子や保育者の関わりについて学ぶ。	2歳児	身体測定
6日目	・異年齢の子ども同士の関わりの様子について学ぶ。	合同	
7日目	・3歳児クラスの一日の生活の流れと子どもの発達について観察し、学ぶ。 ・じゃがいもの収穫と収穫物を用いたクッキングの様子について学ぶ。	3歳児	収穫、クッキング
8日目	・遊びが充実するための保育室の環境と保育者の子どもへの援助について学ぶ。 ・指導案に基づき絵本の読み聞かせを実践し、子どもの反応を受け止め、評価・反省へとつなげる。	3歳児	部分実習

Let's try　実習課題やねらいを立ててみよう

実習課題や日々の実習のねらいを立ててみましょう。

- -

STEP ①　実習先・実習の段階を想定し、実習課題を書いてみましょう。

STEP ②　実習の配属クラスを想定し、①の実習課題を踏まえて実習1日目のねらいを書いてみましょう。

8 実習日誌の時系列の記録の書き方

時系列の記録はなぜ書く必要があるのだろう

　先にも述べましたが、時系列の記録とは一日の時間の経過に沿って、子どもや利用者の活動、保育者や職員の援助、実習生の動き・気づきなどを書くものです。多くの実習日誌にこのような時系列の記録を書く欄が設けられていますが、なぜこのような時系列の記録を書くことが求められているのでしょうか。一日のすべてを記録するのではなく、その日一日の中で重要な場面だけを記録するのではいけないのでしょうか。

　それでは、その日一日の重要な場面とはいったいどのようなことなのでしょうか。遊びや何か特別に設定された活動のことをいうのでしょうか。その他の場面は重要ではないのでしょうか。**幼稚園や保育所、認定こども園、施設では、そこで展開される生活すべてがその保育や養護・療育の対象になっており、この場面が大事で、この場面は大事でないということはありません。**乳幼児期の子どもは遊びや何か設定された特別の活動においてのみ育っていくのではなく、食事や衣服の着脱、排泄や睡眠といった基本的な生活のすべてが子どもの育ちにとても重要な場面となります。各園では、登園してから降園するまでのすべての時間が保育の対象であり、**登園から降園までの一日の生活を保育者がどのように組み立て展開していくのか、そして、それぞれの場面での子どもの活動の様子や保育者の援助の様子を学んでいくことが求められるのです。**また、入所施設においては、24時間の生活すべてが養護・療育の対象となります。幼稚園や保育所、認定こども園と同様に、**どの時間も大切な時間であり、一日の生活の組み立てとその展開、それぞれの場面における子どもや利用者の活動の様子や保育者・職員の援助について学んでいくことが求められるのです。**実習日誌に一日の生活を時間軸の流れに沿って書く時系列の記録は、このような意味においてとても重要です。この意味をしっかりと理解して実習日誌を記録していきましょう。

時系列の記録における観察と記録のポイント

　時系列の記録では、本書 p.14 で確認したように、①環境、②子どもや利用者の姿（動き・活動）、③保育者や職員の姿（動き・援助）、④実習生の動き、⑤実習生の気づきという5つの視点で記録することが必要です。それぞれの場面における子どもや利用者の活動の様子、その際の保育者や職員の援助の様子と共にその環境をよく観察し、観察したことを時間軸に沿って記録します。そして、実習の主体である実習生自身がその場面にどのよ

うにかかわったのかを記録していきます。ときどき、子どものことばかりに集中してしまい、保育者が何をしていたか思い出せないということをよく聞きます。このようなことにならないよう、常にこの視点を意識しながら実習に取り組むことが求められます。

　子どもに関しては、子どもの遊びや生活の様子をよく観察し、何をしていたかだけでなく、どのようにしていたかという点にも留意して記録していくようにするとよいでしょう。保育者に関しては、保育者の子どもへの援助の様子をよく観察し記録します。あわせて、実習生がどのように動いたかについても記録していきますが、実習生の動きだけでなく子どもや保育者の様子から実習生として気づいたことや考えたことについても記録していくことで子どもや保育についての理解を深めていくことができます。

実習の段階と時系列の記録のとり方

　時系列の記録には、**できるだけ詳細に記録することが求められる場合**と、**要点をしぼって記録することが求められる場合**とがあります。どちらが求められるかは、実習の学びで何を重視するかによって変わってきます。一日の生活の流れを詳細に把握し、一日の保育の組み立てを理解する上では、詳細に記録することが求められます。また、一日の生活の流れはおおよそ押さえた上で、具体的な子どもや利用者の様子や保育者や職員の援助の様子、そしてそこから気づいたことや考えたことを記述することを重視する場合には、時系列の記録は要点をしぼって書き、考察の記録に重点をおいて書くことになるでしょう。

　実習期間を通じて、詳細な時系列の記録が求められることもありますし、要点をしぼった時系列の記録が求められることもあるでしょう。それは養成校や実習先である保育、施設の現場が実習生の学びに何を求めているかによって異なります。どちらの記録が求められるにしてもその意味を理解して記録をとるようにしましょう。特にそのような指示がない場合、一般的には実習の段階に応じて時系列の記録のとり方を工夫していくとよいでしょう。たとえば、実習の初期の段階にはまだ実習先の一日の生活の流れを理解できていないので、詳細に記録して実習先の一日の生活の流れをしっかりと理解するように努めることが必要になります。実習が進み、実習先の一日の生活の流れの理解が進んでくれば、時系列の記録は要点をしぼる書き方に移行し、考察の記録に重点をおいて、より具体的な場面の記録から考察を深めていく実習日誌にしていくとよいでしょう。

　また、実習自体は初期の段階でなくても、実習期間を通してさまざまなクラスで実習をする場合、はじめてのクラスに入る数日間の実習日誌は、時系列の記録は詳細に記録していきます。なぜなら、同じ実習先でもクラス、つまり子どもの年齢（発達）によって一日の生活の流れが異なるからです。**子どもの発達に応じた一日の生活の流れを詳細な記録を通してしっかりと学んでいくようにしましょう。**この他、行事や普段とは異なる特別な活動が計画されているときは、いつもとは異なる生活の流れが予想されるので、詳細な時系列の記録をとり、特別な日の生活の流れも詳しく学んでおきたいものです。

6 月 23 日（火） 天気（　くもり　）	（異年齢3・4・5） 歳児クラス	出席：男児（ 11 ）名／女児（ 12 ）名 欠席：男児（ 2 ）名／女児（ 1 ）名	指導者氏名 （ ○○○○○ ）

今日の実習のねらい　・異年齢児同士の関わりと保育者の援助を観察する。

POINT① 異年齢児保育では何歳児の姿であるかを記しておこう。

POINT② 子ども同士の関係性に着目してみよう。

POINT③ 子どもの活動の様子は具体的に記そう。

POINT④ 保育者の援助の意味を考えよう。

時間	子どもの活動	保育者の援助	実習生の動きと気づき
8：30	○登園・朝の支度・好きな遊び ・登園すると自分で支度をする子ども、保護者に支度をしてもらう子どもといる。 ・Aくん（3歳児）は母親と別れるのを嫌がり、保育者に抱っこされてバイバイする。 ・ままごと・お絵描き・積み木・電車など各コーナーでそれぞれが好きな遊びをする。 ・3歳児が線路をうまくつなげないと、5歳児が手伝う姿が見られる。	・登園してくると、子どもの側に行って目を見て挨拶をする。保護者には「～ちゃん変わりはないですか？」と体調を確認する。 ・遊び始めた子どもにも保護者と別れる時にはバイバイするよう伝える。 ・Aくんを抱っこしながら「今日はお別れするのさみしかったんだね」と気持ちを受け止め、落ち着いてきてから遊びに誘う。 ・線路作りを手伝った5歳児に「なるほど、そうするとうまくいくね、ありがとう」と伝える。	・早朝保育からの引き継ぎの子どもと好きな遊びを楽しみながら、登園してきた子どもに挨拶をする。 ・遊びに自分から入りにくそうな子どもには「一緒に～する？」と誘う。 ＊まずはしっかりと気持ちを受け止めることで子どもの気持ちが前に向かっていくのだと気づいた。 ＊年下の子どもに対する優しさをさりげなく認めることで自信につなげているのだと感じた。
9：20	○片付け ・作った積み木を自分たちで壊してから競争するように片付ける姿が見られる。 ・ブロックを作った子どもは「帰りまでとっておいてもいい？」と尋ねる。 ・お絵描きが途中の子どもはまだ描き続けている。 ・片付け終わった子どもは、トイレに行く。 ・当番の5歳児が出席カードを事務室に渡しに行く。	・9：10くらいに「時計の長い針が4になったらお片付けして、リズムしようね」と伝える。 ・「素敵な物ができたから、お家の人に見てもらおうね」とブロックに名札を付け、棚の上に飾る。 ・「もうちょっとかな、描き終わったらお片付けしようね」と伝える。 ・排便時、3歳児は保育者が拭き、4歳児は仕上げのみを援助する。	＊あらかじめ片付けの時間を伝えることで、子どもが見通しを持って行動できるのだと感じた。 ＊一人一人の気持ちを大切にすることで、子どもは遊びに区切りをつけることができるのだと感じた。 ＊一人一人がどの程度、自分で排泄の始末ができるのか把握しておくことが必要だと感じた。
9：30	○朝の会 ・朝の挨拶をする。 ・歌「あめふりくまのこ」「たなばたさま」を歌う。 ・一日の予定について保育者の話を聞く。	・リズム遊びの時に、ペアの子どもがいるか子どもたち自身がわかるよう、欠席の子どもを確認する。 ・「あめふりくまのこ」は歌詞が曖昧な子どももいるので、伴奏しながら、保育者が先歌いをする。	・話に集中できない子どもの側に行き、保育者の話を聞くよう伝える。 ＊保育者は伴奏をしながらも一人一人の様子を見ていた。 ＊子どもたちが話をわかっているか確認を取りながら進めていた。
9：45	○リズム（ホール） ドア ㋕㋕㋕㋕㋕㋕㋕ 　　　　　　　　　㋕ ピアノ ㋻　　　　　㋕ 　　　　　　　　　㋕ ㋕　　　　　　　　㋕ ㋕　　　　　　　　㋕ ㋕㋕㋕㋕㋕㋕㋕㋕㋕㋻ ㋞ ・ホールに椅子を持って移動し、壁に沿って座る。5歳児はピアノに合わせ雑巾がけをする。3・4歳児は「～ちゃん頑張れ」と雑巾がけする子どもを応援する姿も見られる。	・ピアノを弾きながら3・3歳児に一緒に歌を歌うよう誘う。	・子どもたちの間に座り、一緒に歌を歌いながら、雑巾がけをする子どもの応援をする。
10：00	・全体で挨拶をした後、リズム「おはようおはよう」「あひる」「とんぼ」「うみ」「糸車」「兄弟すずめ」を行う。	・5歳児がする時に「～くん手がぴんとしてかっこいいね」と具体的にできている部分を褒める。	＊年齢別で行う物は5歳→4歳→3歳の順で行うことで、年上の子どもから手本となる動きを学んでいるのだと感じた。

🔊**ココも大事**　幅広い発達に対応しうる柔軟な活動内容や環境の設定を記そう。

🔊**ココも大事**　年齢に応じた保育者の援助をとらえて記載しよう。

時間	子どもの活動	保育者の援助	実習生の動きと気づき
	・「あひる」「とんぼ」「ブリッジ」「うみ」は年齢別で、「おはようおはよう」「糸車」「兄弟すずめ」は異年齢で行う。 ＊5歳児が3歳児をリードする姿が見られるが、グループによっては4歳児が他児を引っ張っている。	・ブリッジでは「さっきかっこよかった〜ちゃんお手本をやってもらえる？」と3歳児・4歳児と一緒にする5歳児を誘う。 ・3歳児は自分のペアやグループがわかっていない子どももいるので「〜ちゃんのところに行こう」と伝える。	・まだ難しい子どもには背中を支えたり、次の動きを伝え、励ます。 ＊自分自身、動きやグループがわかっていなかったため、十分な援助をすることができなかった。 ＊年齢でというのではなく、子ども同士、助け合う気持ちが育っていることを感じた。
10:50	○排泄・着替え ・トイレに行ってから保育室に戻り、着替えをする。 ・着替えずにふざけ合っていたり、着替えを汚れ物袋にしまわない子どももいる。	・トイレのドアのところにつき、子どもたちの様子を見守る。 ・手洗いが不十分な子どもには「ばい菌やっつけた？」「上手な洗い方を実習生にも見せて」と伝える。	・排泄が終わった子どもと先に保育室に戻り着替えの援助をする。 ・着替えをしない子どもに「今、何をする時間かな？」と問いかけたが、話が耳に入らない様子だった。
11:10	○昼食 ・ランチルームへ移動。当番は配膳の手伝いをする。 ・自分たちで食事を取りに行き、自分で食べたい量を伝える。 ・メンバーが揃ったテーブルから「いただきます」をして食べ始める。 ・実習生の弁当の中身に興味を示す子どもがいる。 ・おかわりをする子どもは自分で取りに行く。	・取りに来る子どもと机に戻る子どもの流れがぶつからないよう、通り道を伝える。 ・「〜ちゃん、今日はお野菜そんなに食べてみるの？　元気になるね」など一人一人に量を確認しながら励ますような言葉をかける。 ・一緒に食べながら「今日のお味噌汁は何が入っているかわかる？」と食事内容に興味が持てるような言葉かけをする。 ・おかわりをしたい子どもの人数を確認し、子どもが取りやすいよう切り分ける。	・3歳児の汁物を運ぶのを手伝う。 ＊当番（5歳児）は配膳をすることが嬉しそうな様子だった。 ＊自分で食べる量を決めることで、食べてみようという意欲につながるのだと感じた。 ・子どもたちと一緒に食事をする。 ＊実習生の弁当の中身も保育環境の一部であり、子どもの興味を配慮して内容を考える必要があると感じた。
11:40 11:55 12:15	・食事の終わった子どもは排泄をし保育室に戻り、パジャマに着替える。支度のできた子どもは布団敷きをする。 ・短時間利用児は帰りの支度をする。 ・絵本『くまのコールテンくん』『きょだいなきょだいな』 ・「あったとき」のリズムに合わせて声を出す。 ・眠い様子の子どもは、布団に横になって見ている。 ・絵本の後、短時間利用児はさくら室へ移動し、机上遊び（お絵描き・パズル・折り紙等）で遊ぶ。	・絵本を読むスペースにマットを敷き、絵本が始まることを伝える。 ・着替えがまだの子どもに「先に始めているね」と伝える。 ・子どもの目を見て間を取りながら読む。着替えがまだの子どもに時折視線を送っている。 ・「〜ちゃん寝ているから静かにしていようね」と伝えたり「〜ちゃんおやすみ」と伝える。 ・落ち着かない子どもの側にさりげなく行き、トントンする。	・先に保育室に戻り子どもが布団を敷く援助をする。 ＊自分の分だけでなく友達の布団も運んでいた。3歳児も意欲のある子どもは行っていた。 ・保育者と交代し、食事の片付けと下膳をする。 ・下膳後、保育室に戻り着替えを終えていない子どもの援助をする。 ・「着替え終わったらお話聞きに行こうね」と励ましながら援助する。 ＊全員一緒に聞くことを強制しないが、一人一人に意識を向けていることを感じた。 ＊直接注意をするのではなく、子ども自身が気づくことができるよう言葉かけをしていると感じた。
13:30	○短時間利用児降園 ○午睡 ・すぐに入眠する子どもと、寝付けずに隣の子どもとおしゃべりする子どもといる。		
15:00	○目覚め ・目覚めた子どもは排泄に行き、着替えをする。 ・着替え終えた子どもはブロック・お絵かき等をして遊ぶ。	・カーテンを開け、窓を開ける。 ・排泄・着替えを見守りながらおやつの準備をする。 ・おもらしをした子どもに静かに言葉をかけ、さりげなくシャワーまで移動する。	・なかなか目覚めない子どもを起こす。 ＊子どもの気持ちを考え、他の子どもに気づかれないように、おもらしの始末をしているのだと感じた。

POINT⑤☞ 絵本や歌などのタイトルを記そう。

ココも大事 🔊 子どもの行動に対する気づきや考察を書こう。

時間	子どもの活動	保育者の援助	実習生の動きと気づき
15:30	○おやつ ・ランチルームに移動し、自分でおやつを配膳する。 ・好きな席につくが、友達と席の取り合いになる子どもがいる。	・除去食の子どもを呼び、先に自分の席に運ぶよう伝える。 ・「～ちゃんのお隣空いているよ」と言葉をかけ、子ども自ら空いている席に気づくことができるようにする。	＊除去食の子どもの分は別トレーで名札がついており間違いのないよう、配慮されていた。 ・子どもに分量を確認しながら、牛乳をコップに注ぐ。
15:50	○帰りの会 ・質問に応えて「水筒」「レジ袋」など発言する。 ・「帰りの歌」を歌う。 ○外遊び ・長時間保育の子どもは園庭で外遊びを行う。 ・砂場ではトンネルづくりやお団子作りを楽しむ。 ・Kくん（3歳児）はお団子が崩れてしまい泣き出してしまうが、Tくん（5歳児）が「白砂こっちにあるよ」と作り方を教えると泣き止み再び作り始めることができた。 ・固定遊具では逆上がりに挑戦する姿が見られる。 ・バケツを片手に虫探し（ダンゴムシ・幼虫等）に夢中になっている子どももいる。	・明日の予定（散歩）を伝える。 ・持ち物を説明した後「明日持ってくる物は何だった？」と確認する。 ・砂を扱いやすくするために、軽く水をまく。 ・逆上がりがうまくいかない子どもには、鉄棒の握り方を伝えたり、軽くお尻を支えたりして援助する。 ・虫を見つけたことを子どもと一緒に喜び「お部屋に入ったら図鑑で名前を調べてみる？」と興味を深めるような言葉かけをする。	・「帰りの歌」の伴奏をする。 ＊間違えずに弾くことばかりを考えてしまい、子どもの様子に目を向けることができなかった。 ・何人かで協力して山を作っていた。トンネルを掘る際に崩れてしまっても友達を責めたりせず、再び作る姿が見られた。 ＊泣いているKくんに言葉をかけたものの涙は止まらなかったが、Tくんの一言で泣き止み、子ども同士のつながりの大きさを感じた。 ・子どもと一緒に茂みの中に入り、虫探しをした。 ＊虫を探して地面を見ていると、周囲の様子が見えなくなってしまうことに気づいた。子どもの世界に共感しながら周囲に目を向けることの難しさを感じた。
16:30	○入室・引き継ぎ ・手洗い、排泄、着替えをませ、帰りの支度をする。 ・ままごと、構成遊び、パズルなどそれぞれのコーナーで好きな遊びを楽しむ。	・お茶を入れ、帰りの支度が終わった子どもに水分補給をするよう伝える。 ・お迎えが来た保護者に一日の様子を伝える。 ・長時間保育担当の保育者に引き継ぎをする。	＊ブロック、お団子、お絵描きなど子どもが実際に作った物を保護者に見せると「～ちゃんすごいね」と保護者から笑顔がこぼれ、子どもも嬉しそうだった。 ＊ちょっとした怪我や体調の変化についても保育者は丁寧に引き継いでいた。

POINT⑥☞ 全体的な視点と発達を考慮した視点の両面からとらえよう。

POINT⑦☞ 自分自身のかかわりを振り返ろう。

POINT⑧☞ 保護者とのかかわりにも着目しよう。

column 「メモをとり過ぎて失敗！」とならないために

　実習日誌を書くときの頼りの綱の一つがメモです。メモをとるのに夢中になり、目の前で子どもが転んだことにも気づかず、保育者から「近くにいましたけど、様子を見ていましたか？」とたずねられても何も答えられず……そんな失敗は避けたいものです。

　メモに頼り過ぎないために、次の3点を参考にしてはいかがでしょうか。

　①頭にメモ帳を→一日の目標に沿った出来事があれば頭にメモしていく。

　②常に「なぜ」を考える癖を→気づきが生じることで、心に残りやすくなる。

　③印象的な場面に→主体的に子どもや利用者にかかわることで印象に残る場面を増やしていく。

　心を動かしながら主体的に保育（養護・療育）にかかわっていくことで、頭のメモは自然に埋まっていくはずです。「この素敵な瞬間を書きとめておきたい」と気持ちが変化したら実習日誌は楽しくなります。実習日誌は子どもや利用者との一日の思い出に浸る場であり、実習指導案は「こんなことしたら喜んでくれるかな」と子どもや利用者への思いを温める場であるからです。思いのこもった実習日誌は、何にも代えがたいあなただけの一生の宝物です。

　※ なお、実習先によってはメモをとることを禁止しているところもありますので、事前に確認するようにしましょう。

異年齢児保育では、3歳児と5歳児では同じ活動をしていても運動発達や認知発達・他者理解など、さまざまな面での差があるため、年齢別保育のように全員が同じ活動を全員が同じようにするということがむずかしいことがあります。また援助をする際にも、保育者は一律に同じ方法で行うのではなく、一人ひとりにどう届いているのかを意識する必要があります。異年齢児保育では、一人ひとりの個性や特性を見つめ、一人ひとりに応じた配慮をしていくということを自ずと保育者は行っていますし、そうした視点なしでは一人ひとりが充実した活動や生活を送ることは、年齢別保育以上にむずかしいものです。しかしながら、そうした中で学べることは、実習生にとって大きなチャンスともいえます。「〇歳児にとって必要なこと」という視点に加え、「〇〇ちゃんだから必要なこと」という視点をもつことで、一人ひとりの特性に応じた援助を学ぶことにつながるでしょう。

⊙ POINT ① 異年齢児保育では何歳児の姿であるかを記しておこう

異年齢児保育においてはその子どもが何歳でどのような活動を行っているのかを記しておくことが大切です。特に特定の子どもの様子を記す際には、「Aくん（3歳児）は母親と別れるのを……」と実習日誌例にもあるように子どもの名前だけではなく、その子どもが何歳児であるのかを記載するようにしましょう。

⊙ POINT ② 子ども同士の関係性に着目してみよう

異年齢児保育においては、子ども同士の育ち合いという点も重要な点です。たとえば5歳児は3歳児のお世話をし、喜んでもらうことで自信をもち自己肯定感を育むことにつながっていきます。3歳児は5歳児の姿を間近で見ることが「あんなふうに遊んでみたい」と憧れの気持ちを抱き、新たなことに挑戦しようとする意欲につながります。そうした相互の育ち合いが保育の中で自然となされていくよう、保育者が関係性の育ちに対して行っている配慮について着目することで異年齢児保育への理解が深まるでしょう。

⊙ POINT ③ 子どもの活動の様子は具体的に記そう

好きな遊びは子ども一人ひとりの興味・関心や、かかわりの姿、主体的に遊びに向かう姿が見られる場であり、実習生が子ども一人ひとりのありように気づくチャンスでもあります。好きな遊びの様子を「お絵描き・ブロック・パズルなどで遊ぶ」という一文で記すだけでは1歳児の姿なのか、5歳児の姿なのか見えてきません。お絵描きは何の画材を使って、どのようなものを描いていたのか、どのようなイメージを伝えていたか、友達とどのような会話をして描いていたのか様子を見ます。また集中して取り組むために、充実した時間となるようどのような配慮がなされていたのか、そこで子どもにはどのような心の動きがあったのかさまざまな観点で観察し、気づきを得て、記録していくことで、子どもの姿に対する新たな発見があることでしょう。そ

して、それは実習生自身が実習指導案を立案する際に、今ある子どもの姿や思いを尊重した保育を展開するための大きな材料となります。

　すべての事柄を細かに記述するには限界がありますので、「今日の実習のねらい」に沿った重要だと思う点に焦点を当ててみるとよいでしょう。好きな遊びにおける子どもの姿を記載する際には、1点目は全体像を（展開されている遊びの名称）、2点目以降はその遊びの中での具体的な子どもの姿を、というように記すことでクラス全体と一人ひとりへの視点という両面からとらえることができるでしょう。

　また、好きな遊びは、子どもが主体的に遊びを選択して展開していく場でありますが、そこには保育者の意図が介在されていない、というわけではありません。保育者が子どもに「どのような経験をしてもらいたいか」という思いが自ずと環境設定の中に込められているはずです。そうした意図も読み取ろうとすることで、「環境を通した保育」といった概念への理解も深まっていくことでしょう。

➡ POINT ④　保育者の援助の意味を考えよう

　「保育者の言葉かけを学ぶ」という目標を立て、保育者の言葉かけと同じようにしてみようとする実習生を見かけます。しかし、保育者の言葉や行動そのものを模倣しただけでは、子どもの実態に応じた援助とはなりません。子どもの行動には必ず意味があります。行動に内在されている意味を読み取ることで、共感的なかかわりや、子どもの心が揺り動かされるようなかかわりをすることができるのです。まずは、子どもの行動の意味を考えてみましょう。そうすることで、自分自身も一つひとつの援助に意味を込めることができます。そうした視点で保育者の援助を見つめると、何気ない言葉かけ一つをとっても、子どもからのサインを受け取り、それに対して「ねらい」をもって行っていることに気づくことができます。子どもが発するサインは言葉だけでなく、視線・声のトーン・表情・仕草など非言語的なサインもあります。子どもの年齢が低いほど、保育者はこうした非言語的なサインまでを敏感に察知し、子どもに伝わりやすい方法で応じる必要があります。保育者が暗黙のうちに読み取っている「意味」というものに着目することで、自分自身も子どもへの一つひとつのかかわりに「意味を込めて」保育をすることへとつながっていきます。

➡ POINT ⑤　絵本や歌などのタイトルを記そう

　絵本や紙芝居、歌や手遊びなどはタイトルを記しておきましょう。どの季節のどの時間帯に、どのような保育の流れの中でどのような絵本や歌を楽しんでいたか、そのときの子どもたちの反応はどうであったかを記しておくことは、将来、現場に出て保育を営んでいく上で参考になるでしょう。また、絵本をきっかけに保育をふくらませ、展開していく手法などは実習の場であるからこそ学べるものです。どのようなねらいで保育者はその絵本や歌などを選んでいるのか、といった点にも着目すると学びが深まるでしょう。

POINT ⑥ 全体的な視点と発達を考慮した視点の両面からとらえよう

　実習指導案立案の際には子どもの実態を適切にとらえることがベースとなりますが、その際には「子ども一人ひとりの育ちの理解」と「集団としての育ちの理解」の両面から子どもの実態を把握することが必要となります。日々の保育を実習日誌に記録する際に、この両面の視点で子どもの実態をとらえておくことが、実習指導案立案の際に、子どもの活動を予想すること、そしてその予想に即した援助を考えることにつながります。異年齢児保育の場合、個人差、興味・関心の幅が年齢別保育よりも大きいため、クラスに共通する育ち・ねらい・内容を考えることと同時に、一人ひとりの育ちをとらえた上でクラス全体のねらいや内容が一人ひとりの育ちに応じたものとなるような配慮を考えることが不可欠です。異年齢児保育における実習は、一人ひとりの思いが尊重されながら集団としての育ちもなされていくために、どのような配慮がなされているのかに気づき、学ぶことのできる絶好の機会であるともいえます。また、この両面をとらえる際には、子ども相互の関係性をとらえることもポイントとなります。子ども相互が育ち合う姿、学び合う姿といった点も積極的にとらえるようにすると理解が深まります。

POINT ⑦ 自分自身のかかわりを振り返ろう

　子どもの活動を振り返る中で、その活動が充実するために自分のかかわりはどうあるべきだったのか、子どもの気持ちを支えるために自分ができる援助や配慮はどのようなことであったのか考えてみましょう。子どもの動きや保育者の援助を観察し記述するというプロセスに、自分自身のかかわりへの振り返りが加わることで、観察者としての実習生から、保育の場に介在する主体へと意識が強まっていくでしょう。観察実習から参加実習へと実習が進むにつれて、より保育の中に自分自身が主体的にかかわっていく姿勢が求められます。刻一刻と変化する子どもに対し、自分自身はどうあるべきだったか一つずつ振り返ることで、翌日からの保育で自分はどうあるべきかを気づくきっかけとなり、そうした「気づき」の積み重ねが子どもにとっての最善は何かといったことを考えることにつながっていきます。気づきの中でも深く掘り下げて考えたいものは、「考察」の部分で詳細に書いてみてもよいでしょう。

POINT ⑧ 保護者とのかかわりにも着目しよう

　実習生が直接保護者とかかわることができる機会は少ないと思いますが、保育者と保護者とのかかわりをさりげなく観察することでも多くを学ぶことはできます。何気なく交わしている会話の中にも、保育者は何らかの意図をもっているはずです。保育者が保護者の子育てを支える姿勢や、子どもの育ちを共に喜ぼうとする姿勢を積極的に感じ取り、日々のコミュニケーションの大切さを学びましょう。保護者支援や地域の子育て家庭への支援を実習中に学ぶことは保育者になってからの大きな糧となることでしょう。

— 要点をしぼった時系列の記録の例 —●

12 月 1 日（火） 天気（ くもり ）	（ 3 ）歳児クラス （ ことり ）組	出席：男児（ 9 ）名／女児（ 7 ）名 欠席：男児（ 0 ）名／女児（ 0 ）名	指導者氏名 （ ○○○○○ ）

今日の実習のねらい	・クリスマスの飾りを想像した個性的な表現を見る。 ・製作過程における保育者の言葉かけを学ぶ。

時間	環境の構成	子どもの活動	保育者の援助	実習生の動きと気づき
8:00		○順次登園	・子どもを迎え、朝の健康状態を確認する。	・子どもを迎え、挨拶をする。
	POINT ① ☞ 子どもの活動のポイントを整理しよう。	○朝の身支度 ・シール帳にシールを貼る。 ・カバン、帽子をロッカーにしまう。 ・タオルをかける。	・子どもの身支度の様子を見守り、できていない子どもに言葉をかける。	・身支度をしていない子どもには自分から身支度をするように言葉をかける。
10:30	・クリスマスリース、ツリー、絵本を飾っている。	○好きな遊び ・戸外、室内、昨日からの遊びの続きなど。 ○片付け ・片付けを行う。 ・遊びを続けている子どもがいる。	・昨日の子どもの遊びの流れに沿って環境を整える。 ・子ども自ら片付けをするように働きかける。 ・遊びを続けている子どもに言葉をかける。	・片付けを子どもと一緒に行いながら次の活動が楽しみにできるようにする。
10:40	**＜保育室＞** ㊵ ○○○○○○○○○ じゅうたん テーブル テーブル **＜テーブル＞** リボン 自然物 紙皿 ボンド 新聞紙 おしぼり	・排泄、手洗い、うがい ・保育者の前に座る。 ・クリスマスの絵本『まどからおくりもの』 ・クリスマスの話 ・クリスマスリースの装飾に興味を持つ。 ○クリスマスリース作り ・リース作りの説明を聞く。 ・製作コーナーに参加するか迷っている子どもがいる。	・準備のできた子どもから保育者の前に座るように言葉をかける。 ・クリスマスの装飾を見せ、製作への興味が高まるように言葉をかけ、説明する。 ・製作場所に移動をする時、危険な移動の仕方を実際に見せながら子ども自身が考えていくようにする。	・排泄、手洗い、うがい等、子どもが自分で行えるように援助をする。 ＊クリスマスへの興味が高まるように、絵本の読む速さ、声の調子を内容によって変えていた。 ＊ロールプレイを通して子どもたち自身が考えて行動できるように説明をしていた。 ・子どもの製作の援助をする。
11:30	・中を円形に切り抜いた紙皿に自然物をボンドで飾りクリスマスリースを作る。ボンドが乾いたらリボンを飾る。	・ボンドをつけ過ぎてしまう子どもがいる。 ○終了 ・作品を見ながらでき上がるのを楽しみにしている。 ・友達の作品に興味を持って見ている子どもがいる。	・ボンドの量が多くならないように保育者がやり方を見せ自分で考えられるようにする。 ・子どもの様子を見ながら終了の言葉をかける。 ・手を洗うように伝え給食準備の言葉をかける。	＊保育者は子どもの反応を見て子どものペースに合わせながら援助を行っていた。 ・手洗い場が混乱しないように安全管理をする。 ＊見本を壁面に飾り、イメージが膨らむような雰囲気を作っていた。
12:30		○給食 ・楽しく食べる。 ・偏食の子どもがいる。 ・各自片付けをする。	・給食の配膳の準備をする。	・給食の配膳の際、当番が活動しやすいように援助する。会話をしながら食べる。
13:10		○好きな遊び ・戸外遊び（砂遊び、鬼ごっこ、固定遊具、わらべうた遊び他） ○片付け ○降園準備 ・明日を楽しみにし、話を聞く。	・好きな遊びができるように環境を整える。 ・ボンドが乾き、明日完成することを伝え、明日への期待が持てるようにする。	・子どもと一緒に遊ぶ。 ・子どもと一緒に片付けを行う。 ＊明日へつながるように話を進めていた。
13:40		○降園	・挨拶をする。	・挨拶をし見送る。

◁))ココも大事
記載しておきたい環境設定については簡潔に記しておこう。

POINT ② ☞ 環境図で示して、コンパクトにまとめよう。

◁))ココも大事
書きとめておきたい必要な気づきなどは簡潔に記そう。

POINT ③ ☞ 必要な事項は要点をしぼって書き記そう。

　実習段階が進んでくると「考察」の記録のほうに重点がおかれ、時系列の記録は要点をしぼって実習日誌をまとめる必要も出てきます。要点をしぼって書くということはただ短くすればよいわけではありません。必要な事柄は記載し、毎日同じような事項は省いていくなど整理して書いていくことが重要となります。ここでは記載が多くなってしまいがちな製作活動が行われた日の実習日誌を例に下記のポイントを確認していきましょう。

➡ POINT ①　子どもの活動のポイントを整理しよう

　要点をしぼって記録する場合、一日の子どもの活動のポイントに着目することからはじめるとよいでしょう。まずは「登園」「朝の身支度」「朝の会」「好きな遊び」「片付け」など大枠でとらえます。さらに、それぞれの項目に具体的な内容を記しますが、たとえば実習日誌例のように「○朝の身支度」であれば「・シール帳にシールを貼る」「・カバン、帽子をロッカーにしまう」「・タオルをかける」など簡潔に記すとわかりやすいでしょう。このときに細かな子ども一人ひとりの様子を書き出すのではなく、あくまでも活動のポイントにしぼり、記載しておきたい子どもの様子のみを記すようにすると、コンパクトにまとまります。

➡ POINT ②　環境図で示して、コンパクトにまとめよう

　製作活動を実習日誌に記載する際は、書きとめておきたい事柄がたくさんあります。そのような場合、環境図を用いて図示することで、わかりやすく簡潔にまとめることができます。テーブルの上なども図示することで、どのような活動を行うのかイメージしやすいため、つくり方についても簡潔に記すことができます。

➡ POINT ③　必要な事柄は要点をしぼって書き記そう

　同じような箇所は省いて要点をしぼって記入しましょう。帰りには今日の活動を振り返り楽しかったこと、がんばったことなどを認めながら保育者は明日につなげる話をしています。実習日誌例にもあるように「・ボンドが乾き、明日完成することを伝え、明日へ期待が持てるようにする」と大切な内容は記録し、簡潔にその状況がわかるように記しましょう。毎日同じ内容をだらだら長く書くことは好ましくありません。

Let's try　時系列の記録を書く練習をしよう
自分の一日の記録を書いてみましょう。

- **STEP ①**　「子どもの活動」の欄は「自分自身の動き」、「保育者の援助」の欄は「まわりの家族や友人などの動き」、「実習生の動きと気づき」の欄は「そのとき自分が思ったことやまわりの人がどのように思っていたか」に置き換えて、一日の記録をできるだけ詳細に書いてみましょう。
- **STEP ②**　STEP ①で詳細に書いた一日の記録を参考に、その記録を簡潔に要点をしぼって書き直してみましょう。

9 実習日誌の 考察の記録の書き方

考察の意義

考察とは、見たり調べたりした結果（事実）から、なぜそのような結果にいたったのかを、「察して考える」ことです。「楽しかった」「うまくできなくて落ち込んだ」と察したことを書く「感想」と異なり、「なぜ楽しいと感じたのだろうか」「なぜうまくできなかったのか」と、察した部分を掘り下げて「自分なりに考えること」がつ

け加えられることに考察の意義があります。たとえば、「なぜ楽しかったのか」ということを「一対一でかかわる時間を大切にすることで、コミュニケーションをとることを楽しむことができたから」と分析することや、「なぜうまくできなかったのか」を「環境設定が不十分だったために集中して取り組むことができなかった」と分析することで、その理由が明確になり、「次の日の活動の中でも子ども一人ひとりと向き合う時間を大切にしたい」「子どもが見通しをもてるような環境設定を考える必要がある」といった結論を導き、次の実践へとつなげることができるのです。

このように、考察をすることで、自らの実践と子どもの育ちや利用者の状況を振り返ることができ、次の実践に向けて改善を図り、保育（養護・療育）の質を向上することへとつながっていきます。

では、考察の記録とはどのように記していけばよいのでしょうか。ここでは**事実収集型・エピソード分析型**の2つの考察の方法を紹介します。

考察における3つのSTEP

事実	実際の出来事
	例）部分実習の製作がうまくいかなかった

↓

考察	「なぜ」を察して考えたこと
	例）環境設定が不十分で集中できなかった

↓

結論	考察から導かれたこと
	例）見通しをもてるような環境設定が必要

事実収集型の考察の方法

→ STEP ①　「今日の実習のねらい」に沿った視点で記録し事実を収集する

「今日の実習のねらい」を視点としてもちながら実習に取り組むことにより、観察の視点は明確になり、さまざまな事実と出合うことにつながります。また、一日の実習を

記録する際にも、ねらいに即した事実が思い起こされていくことでしょう。実習日誌の時系列の記録の部分では、焦点化された事実を時間軸に沿って記していきます。時系列を記した後に、中でもよりねらいに即した事実を複数ピックアップしてみましょう。

➡ STEP ②　複数の事実に共通するものを考える

　ピックアップされた複数の事実に共通して考えられることは何であるか、またその事実に内在することは何であるか考えてみましょう。そうすることで、ありのままの事実は、一歩抽象度があがった「考察」となり、別の場面でも適用可能な自分なりの理論へとつながっていきます。

　観察した事実から考察を導き出すためには、今までに学んできた知識や理論を用いて考えることが大切です。机上で学んできたことを実践の場で起こっていることと照らし合わせることで、理解がふくらみ、また自分の実感を伴ったものとなります。また、実習での実践を理論と照らし合わせることで、実践は理論に基づいたものとなり、再現性があり、他者に説明可能なものとなるでしょう。こうして理論と実践の往還がなされることで、学びがいっそう豊かなものとなります。

　また、子どもや利用者の行動面だけでなく、「内面で起こっていることは何か」という点に着目するようにしましょう。そうすることで、考察がより豊かなものとなります。

➡ STEP ③　考察から導かれる結論を考える

　考察から導かれた結論は何であるかを考えます。次の日からの実践に生かすためには、何が必要であり、自分が次の日の保育（養護・療育）で大切にしたいことが何であるか、考察から導くことで、自らの理論は子どもや利用者への思いが込められた生きたものへとなっていきます。

　事実を見つめ直し、掘り下げていく中で、観察の視点が不十分だったことに気づくこともあるでしょう。「明日はもっとよく○○について観察しよう」「子どもの気持ちを深く見つめよう」という思いが保育（養護・療育）を見つめる目を深く、そして豊かなものへとしていくのです。

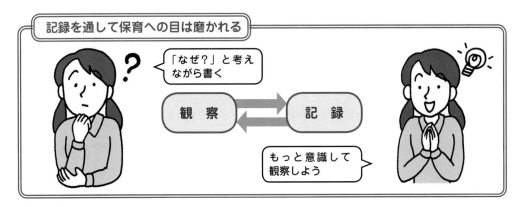

記録を通して保育への目は磨かれる

「なぜ？」と考えながら書く

観察　←→　記録

もっと意識して観察しよう

事実収集型の考察の例

　では事実収集型の考察をどのような手順で考えて書いていけばよいか、「今日の実習の
ねらい」から具体的に見ていきましょう。

今日の実習のねらい　着脱場面における２歳児の身辺自立について観察する。

事実
・Ａくんは時間をかけて自分でボタンかけをしていた。
・Ｂくんは「先生やって」と着脱のほとんどを実習生の手を借りて行った。
・昨日は援助を拒否したＣくんだが、今日は保育者に援助を求めていた。

> **POINT**☞
> 一人ひとり異なる
> 姿を観察

考察
・２歳児の着脱の自立には個人差があると考えられる。
・自立している子どもも援助を求めることがあり、自立と依存の間で揺れ
る時期なのだと推測される。

> **POINT**☞
> 共通すること・事
> 実に内在すること
> は何か

結論
・一人ひとりの発達の差に応じた援助が必要である。
・状況に応じた気持ちの揺れを見極めて援助することが大切である。

> **POINT**☞
> 保育の中で大切に
> したいことは何か

書いてみよう

　本日は、「着脱場面における２歳児の身辺自立について観察する」というテーマ
で実習をさせていただきました。２歳児なので、ズボンを履く、ボタンをはめると
いった身辺自立はほとんどの部分について自分自身でできるのではないかと思って
いました。しかし、実際の子どもの姿は異なりました。

> 自らの知識と
> 実際の子ども
> の姿を照らし
> 合わせている

　Ａくんは、午睡前のパジャマに着替える時に、時間をかけてボタンかけに取り組
んでいました。他の子どもが着替え終わっていたので、「手伝おうか？」とボタン
を触ろうとすると、「やめて」と私の手を叩くほどでした。

　その一方でＢくんは、パジャマを着替えカゴから出すこともせずに、「先生、やっ
て」と私に訴えてきました。「Ｂくんの着替えるかっこいいとこ見たいな」と伝えて
も着替える気持ちにはならず、「できない〜、やって！」と言うばかりでしたので、
全部私が着替えを援助しました。

　Ｃくんは、昨日の着替えの時間で私が手伝おうとしたら、「触らないで」と怒るほ
どでしたので、今日は見守る姿勢でいました。しかし今日は、担任の先生が来たら、
嬉しそうな表情で保育者に「先生、やって」と伝えていました。昨日とは全く異な
る姿に驚きました。

> **事実**
> さまざまな２
> 歳児の姿を例
> としてあげて
> いく

　午睡前の着替え場面だけでも、２歳児全員が同じ姿を見せるわけではなく、一人
一人の個人差があり、またその日の心の状態によっても姿は異なるということに気
づきました。また、自分で着替えることのできる子どもであっても、信頼できる大
人には甘えたいという気持ちを強く表現するのだということにも気づきました。

> **考察**
> 事実から得た
> 考察

　２歳児の身辺自立においては、一人一人の個人差に応じた援助が必要であると同
時に、自立と依存の間で揺れる時期なのだということを頭におき、自分でやりたい
気持ちを尊重しつつも、甘えたい気持ちを十分に受け止めることも大切なことなの
だと感じました。

　明日は２歳児クラスでの実習最後の日になりますが、今日学んだ点を踏まえ、一
人一人の特性を把握し、また気持ちの変化に留意しながら援助をしていきたいと考
えています。

> **結論**
> 考察から導か
> れる結論

Let's try 1　事実収集型の考察を書いてみよう

「食事の栄養バランスについて考える」というテーマで、事実収集型の考察記録を書いてみましょう。

STEP ①　下記に基づいて、「事実」「考察」「結論」について書き出してみましょう。

事実 あなたのこの3日間の食事内容を書き出しましょう。

考察 食事内容に共通して考えられること、事実に内在することを考えてみましょう。

結論 「事実」と「考察」から導かれた「結論」を書き出してみましょう。

STEP ②　STEP ①で書き出した記述を「食事の栄養バランスについて考える」というテーマで文章化し、事実収集型の考察を書いてみましょう。

事実収集型の考察ポイントをチェックしてみましょう！
── 「事実を読み手に伝える」ことと「内在する意味」

───

例　文

食事の栄養バランスについて考える

　一昨日の朝食はパンとオレンジジュースでした。昼食はおなかが空いたので、2限の授業が終わるとすぐに学食でカレーライスを注文し、デザートも食べたくなり食後にアイスも食べました。夕食は部活動が終わってから、友達とファーストフード店に行き、ハンバーガーとポテトを食べました。

　昨日は寝坊をして朝食は食べませんでした。そのため、いつもよりおなかが空いていたので2限の前にメロンパンを買い昼食にしました。授業の合間だったため、急いで食べました。夕食は大学の帰りに、友達とパスタを食べに行きました。

　今日の朝食はコンビニのおにぎりとヨーグルトでした。昼は学食でラーメンセットを注文しました。 ┃ 事実

　こうした3日間の食事を振り返って気がついたことは、かなり栄養バランスが偏っているということです。炭水化物ばかりで野菜をほとんどとれていません。また、朝はたいてい急いでいるので、すぐに食べられる物ですましていること、昼や夜も自炊することがなく、その時に食べたいと思った物を食べているということに改めて気がつきました。 ┃ 考察

　こうした状況は改善しなければならないと思います。自分は保育者を目指しているのだから、なおのこと健康管理に気をつけ、食事という時間を大切にしていかなければならないと思います。朝は早めに起きて食事の準備に時間をかける、夕食も自炊を心がけて食材をバランス良く取り入れていくなど、明日から意識的に心がけていかなければと思います。 ┃ 結論

POINT ①☞　事実は読み手に伝わるよう簡潔に

　読み手に経験が伝わるよう、情報に具体性をもたせながらも、簡潔に述べます。不要な情報が多くならないよう、テーマに沿った事実を選ぶことが大切です。ここでは、食品名に加え、食事時の状況という事実が記されることで、考察の材料となっています。

POINT ②☞　事実を理論や知識と照らし合わせて見つめる

　複数の事実に共通すること、その事実に内在することは何であるか考えます。栄養バランスという点から「炭水化物に偏っている」という共通点を見出し、その理由を掘り下げることで、「忙しさのあまり利便性を優先している」という気づきが生じています。

POINT ③☞　導かれた結論から次の日からの実践を考える

　考察から導かれた結論は何であるか、次の日からの実践では何が必要であるか考えます。ここでは「炭水化物に偏っている」「利便性の優先」といった考察を、翌日からの生活にどう生かしていくかということが述べられています。栄養バランスという知識も、自己の生活の中で活用していくことで、生きた理論となっていくはずです。

エピソード分析型の考察の方法

　2つ目の方法として、一日の保育の中で心を動かされたエピソードを取り上げ、それについて分析をする「エピソード分析型」の考察があります。同じクラスで複数日実習をし、一日の流れやその年齢の発達をおおむね理解している場合や、子どもや利用者一人ひとりをより深く理解したいという目標をもっている場合に、効果的な方法でもあります。

⊙ STEP ①　心に残ったエピソードを記す

　まず一日の実習の中で、「心を動かされたこと」「かかわりがうまくいかなかったこと」「気持ちが理解できなかったこと」など印象的だった出来事を思い起こし、解釈は交えずに記録します。事実を記録におこしていくことで、そのエピソードを一歩離れた視点から見つめ直すことができ、実習の場では気づくことのできなかった側面を見つめていくきっかけとなることでしょう。記録の際には、その場面を目にしていない読み手にも情景が伝わるよう、具体的に書きましょう。また、エピソードの経過を行動といった外面化されている部分だけでなく、内面に着目して記すことがポイントです。

⊙ STEP ②　エピソードを分析する

　そのエピソードをもとに、その場面で起こった子どもや利用者、保育者や職員、そして実習生の心の変化の理由を探ってみましょう。目には見えない内面を見つめていくというプロセスの中で、子どもや利用者の気持ちの変化に気づくことができるでしょう。そして、自らの心の変化にも気づくことも大切なことであり、そこにエピソード分析型の意義があるのです。子どもや利用者を見つめる目は、誰が見ても同じカメラのレンズではありません。あなたの目だからこそ見える子どもや利用者の心があります。また、あなたの心が接したから放たれる子どもや利用者のメッセージがあります。自分の心のありようによって変化する子どもや利用者の心がありますし、子どもや利用者の心に動かされ変化するあなた自身の心もあります。そうした揺れや、自分の心のありように気づくことで、見えてくる保育や養護・療育の大切な部分があるのです。

⊙ STEP ③　分析したことから導かれた保育（養護・療育）や
　　　　　　　子どもや利用者への思いを記す

　子どもや利用者、また自らの心の変化をとらえることで、見えてきたことを記してみましょう。そこから見えてきたものから、次の日からの保育や養護・療育への思いや、子どもや利用者への願いが生じてくることでしょう。また、十分に見えていない部分に気づくこともあるでしょう。そこで、子どもや利用者の心をもっと知ろうと思うことが、子どもや利用者一人ひとりの気持ちへ近づいていくことへとつながっていくはずです。

エピソード分析型の考察の例

　ではエピソード分析型の考察をどのような手順で考えて書いていけばよいか、「今日の実習のねらい」から具体的に見ていきましょう。

今日の実習のねらい　3歳児のけんかの場面での援助を考える。

事実
- 外遊びの場面でKくんがTくんをスコップで叩いていたのを見て、私は「叩くのはいけないことだよね」と伝えた。するとKくんは何も言わず私の前から走り去っていった。

> **POINT** ☞
> 心に残ったエピソードは何か

考察
- なぜ、Kくんは何も言わずに走り去っていったかを考えたところ、私は前後の状況を見ておらず、Kくんの叩いた理由を考えようとしていなかった。
- 叩くことはいけないと伝えることも必要だが、Kくんの気持ちを考えることも必要だったのではないだろうか。

> **POINT** ☞
> そのエピソードを分析

結論
- 落ち着いて気持ちを表出できる雰囲気や関係性を築くことが必要であった。
- 気持ちを受け止めた上で、互いの気持ちを理解できるような援助が必要であった。

> **POINT** ☞
> 分析したことから見えたことは何か

書いてみよう

　本日は一日貴重な経験をさせていただき、ありがとうございました。3歳児クラスの実習も3日目となり、一日の流れや子どもたちの様子にも慣れてきました。

　今日は、外遊びの場面で気になる出来事がありました。砂場で男の子たちがスコップで穴を掘って遊んでいました。仲良さそうに遊んでいたので砂場で遊んでいる子どもたちは見守ることにし、私は鉄棒をしている子どもの援助をしていました。すると、砂場の方から大きな声が聞こえてきたので、私は急いで砂場にかけつけたのですが、KくんがTくんにスコップを振り上げるところでした。とっさに「Kくん、ダメ！」と叫んだのですが、止めることができず、Tくんは大泣きしてしまいました。私は「叩くのはいけないことだよね」とKくんに厳しい口調で伝えたのですが、Kくんは何も言わずに私の前から走り去っていってしまいました。その時は、叩かれたTくんに「大丈夫？」と言葉をかけることに精いっぱいになってしまい、Kくんを追いかけることができなかったのですが、一日中その出来事が気になっていました。

> **事実**
> 一日の中で心を動かされた出来事をピックアップし、読み手に状況がわかるように記述する

　帰宅をしてから、この時の出来事を思い返し「なぜKくんは何も言わずに走り去っていってしまったのだろうか」と考えてみました。私は、その場面の前に何が起こっていたのか考えずに、叩いてしまったKくんを一方的に叱ってしまっていた、ということに気づきました。何かTくんとの間にトラブルがあり、Kくんもスコップで叩くほどに悔しい思いをしていたのではないかと思います。そうしたKくんが叩いてしまったに至る理由を考えずに、Kくんを一方的に叱ってしまったため、Kくんは「自分の気持ちは理解してもらえない」と感じてしまったのではないかと思います。叩いてしまう、という行為は良いことではありませんが、してはいけないことを伝えることばかりに気を取られ、互いの気持ちに目を向けることができなかったことが、今になって悔しく思います。厳しい口調でKくんを一方的に叱るのではなく、落ち着いて気持ちを表出できる雰囲気や関係性を築くことができていれば、KくんとTくんの間の気持ちをつなぐことができたかもしれません。互いの気持ちを受け止めた上で、互いが相手の気持ちを理解できるような援助が必要だったのだと思います。

> **考察**
> 自らの気持ち・子どもの心の動きの理由を探っていく

　明日Kくんが登園してきたら、あの時はごめんね、と一番に伝えたいです。そして、子どもの行動ばかりに目を向けるのではなく、一人一人の気持ちに気づけるよう立ち止まりながら実習をしていきたいと思います。

> **結論**
> 分析したことから導かれた保育や子どもへの思いを記す

Let's try 2　エピソード分析型の考察を書いてみよう

最近、あなたがもっとも印象に残ったドラマや映画の一場面について簡単に記してみましょう。

- -

STEP ①　取り上げるドラマや映画のタイトル

（　　　　　　　　　　　　　　　　　　　　　　　　　　　）

STEP ②　STEP ①で取り上げた映画やドラマの一場面について下記に基づき、「事実 / エピソード」「考察 / エピソードの分析」「結論」について書き出してみましょう。

事実　誰が読んでもその物語の場面やあなたの感じた気持ちが伝わるように書いてみましょう。

考察　その場面で起こった登場人物やあなたの心の変化の理由を探ってみましょう。

結論　心の変化をとらえることで見えてきたことを記してみましょう。

STEP ③　STEP ②で書き出した記述をあなたなりのテーマに基づいて文章化し、エピソード分析型の考察を書いてみましょう。

エピソード分析型の考察ポイントをチェックしてみましょう！
── 目に見えない部分に着目すること

例　文　取り上げた映画（お話）「シンデレラ」

テーマ：シンデレラの涙

　　シンデレラは 12 時の鐘の音を聞きました。鐘の音が聞こえてきた途端に、シンデレラは楽しい舞踏会の時間から、現実の世界にいっぺんに引き戻された気持ちになりました。「12 時になったら魔法がとけてしまう、大変。急いで帰らなくちゃ」シンデレラは足早に階段を駆け下りました。慌てた拍子に片方のガラスの靴が階段に引っかかり脱げてしまいましたが、取りに戻る時間はありませんでした。シンデレラは悲しげな表情で馬車に飛び乗りました。「さようなら、王子さま」と呟いたシンデレラの目からは大粒の涙がこぼれ落ちました。この場面を見ている時、私も胸がつまり、涙がこぼれそうになりました。　**事実**

　　なぜ自分はこの場面を見て胸がつまる思いになったのか考えてみました。継母やお姉さんたちからひどい扱いをされても健気に頑張って生きてきたシンデレラ。姉たちが招待を受けた舞踏会に自分などは行けないと悲しんでいたところに、魔法使いのおばあさんが現れ、魔法をかけてくれました。魔法によって華麗なドレスに包まれ、自分にも幸せが訪れるのだとシンデレラは期待に胸を躍らせたのではないでしょうか。舞踏会での素敵な世界でのシンデレラの姿はとても美しく幸せに満ち溢れて見えました。そんな笑顔もわずかな時間で涙に変わってしまいました。その涙を見て、一時だけの魔法をかけるなんて残酷だとも感じました。シンデレラは夢の世界と現実とのギャップに失望したのだと思います。そんなシンデレラの苦しみを思うと、自分まで涙が出そうになりました。　**考察**

　　映画の中の一場面でしたが、自分も無意識のうちにシンデレラの気持ちに共感し心を動かされていることに気づきました。子どもの頃にも同じ映画を見ましたが、この場面では「馬車の時間に間に合ってよかった」と感じていたように思います。けれども今回は、間に合った安堵感だけではなく、失望や悲しみといった複雑なシンデレラの心境が感じられました。それは、シンデレラが負ってきた背景に心をめぐらせながら、その場面でのシンデレラの気持ちに自らの思いを重ねていたからこそかと思います。他者の気持ちはその時の行動や結果だけで推し量れるものではなく、背景やそこに内在する気持ちの流れを紡ぎ合わせながら登場人物の気持ちを自らも経験しようとすることで、他者の複雑な気持ちのありようを理解することにつながるのではないかと感じました。　**結論**

POINT ① ☞ **事実は読み手に状況がわかるように記述する**

　あなたの心に残った場面を、その場面を見ていない人にも状況が伝わるように書いていきます。登場人物の行動上の変化だけでなく、表情・仕草など内面の変化が感じ取れるサインを記すと読み手にイメージが伝わりやすくなります。また、そのときに感じたあなたの心情も「事実」であり、それを記すことによって、場面での出来事がその場に介在したものにどのような影響を与えたのかを読み手に伝えることができます。

POINT② ☞ エピソードを自分の心を通して見つめる

　あなた自身・登場する人物の心の変化の理由を分析してみましょう。ある場面で感じた心の変化は、他の出来事や背景が関係していることもあります。また、自分がその場面に触れたときの心のありようによっても感じ方は変化します。自己というフィルターを通して対象や出来事をとらえているという気づきも大切なことです。

POINT③ ☞ 考察から導かれたことが、さらなる対象理解へとつながるように記す

　登場人物や自らの心の変化をとらえることで、見えてきたことを記してみましょう。ここでは他者を理解しようとする中での自己の心の動きを客観的にとらえることで、この場面以外での他者理解において大切にしたいこと、という結論を導き出しています。他者の心の動きをとらえる際に生じるあなた自身の揺れを知ることは、実習生は傍観者ではなく、保育の中の主体の一人であるという意識を強め、その経験の積み重ねが保育を見つめる目の深さを養っていくでしょう。「悲しかった」「悔しかった」などの感想では終わりにしないことがポイントです。

Let's try 3　考察記録を友達と読み合い意見交換しよう

Let's try 1 で作成した事実収集型の考察と Let's try 2 で作成したエピソード分析型の考察の記録を友達と読み合ってみましょう。

STEP① Let's try 1 と Let's try 2 で作成した考察の記録を友達同士で読み合ってみましょう。
STEP② 伝わりにくい部分やわかりにくい部分などお互いに意見を交換しましょう。
STEP③ 友達の意見やそれによって気づいた箇所など、よりわかりやすい考察となるよう書き加えるなどして、具体的に修正しましょう。

column　実習日誌に何を書いてよいかわからない⁉

　実習日誌に何を書いてよいかわからないという話をよく聞きます。いろいろな理由があると思いますが、その日の実習での学びが整理されていないと実習日誌に何を書いてよいかわからなくなります。

　学びの整理は自分でじっくり取り組むことも大切ですが、指導してくださる保育者や職員からの助言がとても参考になります。実習では、その日の実習を振り返り、実習先の指導担当者から指導をしていただく時間が設けられることがあります。こうした時間を大切にし、実習体験の中で感じたことや気づいたこと、困ったことやうまくいかなかったことなどを話すと、それに対して助言がいただけます。このとき、あまりかしこまって抽象的な話をするのではなく、できるだけ具体的な出来事に基づいて、素直に感じたことや考えたこと、教えていただきたいことなどを話すと、助言もより具体的なものになります。話をする中で、その日の実習体験での学びが整理され、助言を受ける中で学びの重要ポイントが見えてきます。こうした日々の実習の振り返りの機会を大切にし、実習日誌に生かしていくとよいでしょう。

59

10 実習日誌の環境図の書き方

環境図はなぜ書く必要があるのだろう

　保育は環境を通して行うことを基本とします。子どもが主体的に環境にかかわり、生き生きと活動する中で子どもは育ちます。保育者は、子どもの育ちを見通し、**子どもが育っていくために必要な経験ができるような環境を構成すること**が求められます。また、その環境は子どもが思わずかかわってみたくなるような魅力ある環境でなくてはなりません。

　実習では、実際の保育現場でどのような環境が構成されているのかをよく観察し学びたいものです。そこで、実習日誌には観察した環境構成を記録していくことになります。環境構成の記録は、文字のみで記録することはむずかしいため、図も活用しながら記録しますが、この図のことを**環境構成図**、もしくは略して**環境図**などと呼んでいます。

　保育の現場と同様に子どもや利用者が過ごす施設の環境も重要であり、施設実習においても実習日誌には環境図を書きます。

　ここでは幼稚園と保育所を例にあげ、環境図の書き方を見ていくことにしましょう。

保育環境の観察と記録のポイント

　園内の環境をどのように観察し、記録すればよいのでしょうか。まずは、園舎内にはどのような部屋や設備が備えられているのか、園の全体像を把握するために、**園舎全体の見取り図を正確に記録**します。次に、**園庭の環境も観察し記録**します。どのような固定遊具が園庭に用意されているのか、その配置にも着目しましょう。また、固定遊具の他に園庭にはどのような遊具が用意されているのかを観察しましょう。さらに、植物や生き物などの自然環境も園庭の環境の特徴です。

　保育室やホールなど各部屋の環境についても詳しく観察し、記録します。まず棚やピアノなど日常的に動かすことがないものの位置を確認するところからはじめます。それらの配置によって室内にどのような空間を生み出しているかにも着目します。次に、机の配置について観察しますが、机の配置は活動の内容によって変わることがあるので、活動の場面ごとに観察し、記録することが必要です。そして、室内に用意されている遊具や玩具、用具や素材、絵本、その他の物的環境を一つひとつていねいに観察し記録します。またこれらが室内のどこにどのように置かれているかも観察するとよいでしょう。最後に、保育者や実習生も大切な人的環境です。保育者の立ち位置などもよく観察するとよいでしょう。

　次ページより、実際の環境図を参考にしながらそのポイントを解説します。

園庭の環境図

　実例1の園庭の環境図は、とても詳しく書かれていています。このように、行ったことのない人でもどのような園庭なのか映像が浮かんでくるような環境図が書けるとよいでしょう。まず、どのような固定遊具がどのように配置されているのか、大変わかりやすく書かれています。一つひとつの固定遊具の名称もしっかりと書かれています。固定遊具は運動機能が著しく発達する幼児期の子どもたちにとって魅力ある遊具の一つです。どのような固定遊具が園庭にあるのか、実例1のように、**図と言葉でイメージできるように記録しておくとよいでしょう。**

　また、園庭は自然環境も豊かです。さまざまな植物や生き物に出会えるのも子どもたちにとって魅力的な環境です。実例1の幼稚園では、多くの木や畑、プランター、飼育小屋などがあり、自然環境に力を入れていることがわかります。環境図には、具体的にどのような木があるのか、畑やプランターでは何を栽培しているのか、飼育小屋ではどのような動物を育てているのかなどもわかるように記しています。また、木には実のなる木と登りやすい木があって、子どもたちが木という環境とどのようにかかわり楽しんでいるかについても観察し記録できています。このように、**子どもたちの環境へのかかわりの様子や子どもにとっての環境の意味についても、観察、考察し、記録**できるとよい環境図になります。

実例1	園　庭（幼稚園）

保育室の環境図

1歳児の保育室

　実例2は、1歳児の保育室の環境図です。この保育室は空間づくりが大変工夫されています。このように**保育室内につくられた空間がどのような意味をもっているのかまで観察し、環境図の中に書き込んでおく**とよいでしょう。また、置いてある玩具や壁面の内容等も具体的に書かれています。

実例2　1歳児保育室（保育所）

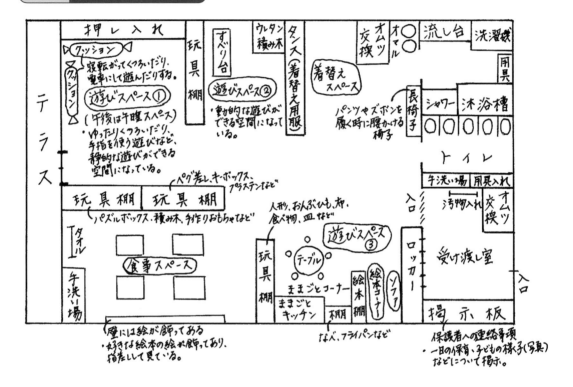

5歳児の保育室

　実例3は、5歳児の保育室です。左側の環境図は、登園時（好きな遊び）の場面での保育室で、右側の環境図は一斉に行う製作活動（お面作り）の場面での保育室です。このように保育室の環境は活動の状況に応じて構成しているので、**それぞれの場面で同じ保育室の環境をどのように構成しているのかをしっかり観察し記録しておく必要があります。**

　製作活動の環境図を見てみましょう。机の配置や保育者の立つ位置がわかりやすく書かれています。一斉活動を行う場合、子どもたちが活動しやすい環境として、どのように子どもたちが座り、その中で保育者がどの位置に立つのかということはとても重要です。

実例3　5歳児保育室（幼稚園）

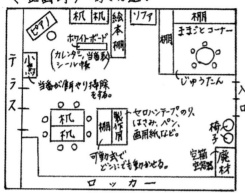

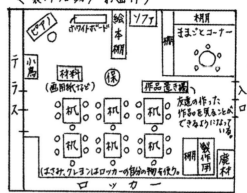

児童発達支援センターのプレイルーム

　実例4は、児童発達支援センターのプレイルームの環境図です。発達支援（療育）の活動で子どもたちがかかわる遊具の内容や配置が具体的に記されています。安全面の配慮や職員配置等にも着目して記載することで環境構成への学びが深まります。

実例4　プレイルーム（児童発達支援センター）

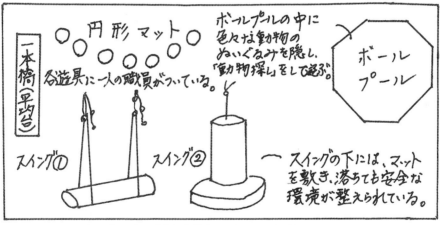

※スイング：天井から吊り下げられた感覚統合の遊具

Let's try　身のまわりの環境図を書いてみよう
あなたの身近な環境を環境図にしてみましょう。

- -

STEP ①　近隣の公園の環境図を書いてみましょう。固定遊具や自然環境に着目しましょう。子どもの遊びの様子から、子どもにとっての環境の意味も記録しましょう。

STEP ②　自分の家の1部屋（例　リビング、自分の部屋等）を選んで、室内の環境図を書いてみましょう。家具の配置やおいてあるもの、壁の装飾等に着目しましょう。

まとめの実習日誌の書き方

まとめの実習日誌はなぜ書く必要があるのだろう

　これまで日々の実習の記録として記入する実習日誌の書き方について見てきました。最後に、実習を終えて、**実習全体のまとめとして記録するまとめの実習日誌**についても触れておきたいと思います。

　実習期間全体を通してのまとめの記録は、「実習総括」や「実習を終えて」、「実習のまとめ」などその呼び名はさまざまですが、ほとんどの養成校の実習日誌に記入欄が設けられています。もし、そのような記入欄がなくても、実習日誌の余ったページやレポート用紙などを用意して書くようにするとよいでしょう。

　みなさんの中には、毎日大変な思いをし、苦労して実習日誌を書いているのに、実習を終えた後もなぜ重ねて実習日誌を書かなくてはならないのだろうか、そんな思いを抱く人がいるかもしれません。しかし、まとめの実習日誌はみなさんの実習での学びを深めるためにとても重要な記録です。実習中は毎日が目まぐるしく過ぎていきます。一日の実習を終えるとある限られた時間の中でその日の子ども（利用者）や保育のことを振り返り、実習日誌に記録します。このことがとても重要であることはこれまでも繰り返し述べてきました。しかし、日々の記録とは異なり、実習期間全体を通しての記録では、子ども（利用者）の変化や保育の連続性など日々の実習からは見えなかったことが見えたり、あらためてゆっくりと実習を振り返る中で実習中には気づき得なかったことに気づいたりすることがあるのです。まとめの実習日誌を書くことで実習での学びを深め、確かなものにしていきましょう。

まとめの実習日誌には何を書いたらよいのだろう

　まとめの実習日誌は、主に次の3点について具体的な実習体験に基づき書きまとめます。

　①実習課題（目標）が達成されたか検討する
　②実習で特に学び得たことを整理する
　③実習を振り返り評価・反省をする中で今後の課題を見出す

　次ページは、幼稚園実習におけるまとめの実習日誌です。実例を見ながら、まとめの実習日誌を書くときのポイントを解説していきます。

実 習 総 括

　実習を終えてみると、あっという間の２週間でした。しかし、あらためてこの実習を振り返ってみると多くの学びとともに、私自身のこれからの課題も見え、充実した実習となりました。

　今回の実習では、３つの実習課題を持って実習に臨みました。１つ目の課題は、子どもの遊びについて理解することと、子どもの充実した遊びのための保育者の援助の実際を学ぶことでした。私は、遊びというと「楽しい」というイメージしかありませんでしたが、この実習で子どもの遊びはただ楽しいだけでないことを学ぶことができました。ＳちゃんやＣちゃんたちが楽しんでいたレストランごっこでは、様々な素材を使って作り出すスパゲッティーやピザといった食べ物、ウエイトレスのエプロンや帽子、メニューや看板などその豊かな表現力に驚かされました。子どもたちはそれぞれ工夫して、それを友達同士教え合うなどして遊びを楽しいものにしていました。意見がぶつかり合うこともありましたが、自分の思いを一生懸命伝えたり、友達の意見を受け入れたりして遊ぶ姿もありました。遊びの中で子どもたちは、想像することやそれを表現すること、考えたり工夫すること、友達に主張したり譲ったりすること、協力することなど、とても大切な経験をしていました。そして、先生方の援助がこうした子どもたちの遊びを支えていることがわかりました。特に遊びにとって環境構成はとても重要であることがわかりました。先生方の用意した様々な素材が子どもたちのイメージを豊かにしていました。また、子どもたちが困った時先生方はいつも寄り添い、子どもの思いに耳を傾けていました。印象的だったことは、先生方が答えを出したり、全て手伝ってしまわないことです。私だったら「こうしたらいいよ」とアドバイスをしたり、やってあげてしまうだろうと思うような場面がいくつもありました。子どもの主体性の大切さを大学で学んできましたが、今回の実習で先生方の姿から子どもの主体性を大切にするということの実際がわかったような気がします。子どもの主体性を大切にするということは子どもの力を信じているからこそできることなのだと思いました。子どもの主体性を大切にした援助のあり方についてもっと学んでいきたいと思いました。

　２つ目の課題は、○○園が大切にしている子どもと自然との関わりについて学ぶことでした。実習中に、○○組で飼っていたうさぎの死に出会いました。その時の子どもたちの表情や行動が忘れられません。手で触れたり顔を寄せて確かめるＡちゃん、「お墓を作ろう」というＦちゃん、黙って涙を流すＭちゃん、その場から離れ遠くで見つめるＨちゃん、子どもたちはそれぞれのやり方で死というものを受け止めようとしていたのではないかと思います。また、保育室ではさなぎが蝶にかえるという感動的な場面にも出会うことができました。実習中にこのような経験をさせていただき、生き物との関わりが生や死というものに出会う重要な体験となっていることがわかりました。今回の実習では生き物との関わりを中心とした学びが多くありましたが、植物との関わりも重要であると思います。今後、植物との関わりの意義についても学んでいきたいと思います。

　３つ目の課題は、責任実習で計画の立案とその実践を体験し学ぶことでした。責任実習では本当にたくさんの反省がありましたが、その分、学びも多いものでした。計画の立案では、援助の一つ一つの意味を考えることを学びました。先生方が何気なく行っている子どもへの関わりにも一つ一つ重要な意味があることが計画を立て、そして実践をすることで理解できたと思います。実践では、計画通りに進まないことが多く、それでも柔軟に対応ができずに、計画通りに進めようとしてしまったことが一番の反省です。けん玉製作ではゆっくりと紙コップに絵を描いていたＴちゃんでしたが、けん玉作りに時間をかけてしまったことからけん玉

POINT ③
一つひとつの実習課題がどのように達成されたか、されなかったかを検討しよう。

POINT ③
具体的な体験から学びを整理しよう。

POINT ③
自らを振り返り反省しよう。

POINT ③
今後の課題を明確にしよう。

で遊ぶ時間がないまま終えてしまいました。Tちゃんが「やりたい」と言っていたのに「もう時間だから」と先へ進めてしまったことをとても反省しています。先生方からのアドバイスにもあったように、少しだけでも作ったけん玉で遊ぶ時間を作っても良かったのではないかと思います。計画通りに進まないことは、私が計画の段階で見通しを持てていなかったことが大きな原因であったと思います。見通しを持つためには、普段からの子どもの一人一人の理解が必要なのだとあらためて思いました。また、計画は詳細に考えていくことが大事だと思いますが、計画通りに進めなければならないものではないこともわかりました。その場その場での状況や子どもの思いを大切にしながら臨機応変に対応できる力を身に付けていきたいと思いました。

　このように多くのことを教えていただいた子どもたち、先生方に心から感謝しております。今回の実習での学びと反省、そして新たに見出した課題を次の実習につなげていきたいと思います。

POINT ③
分析的に自らを振り返ろう。

実習課題がどのように達成されたか、されなかったを検討しよう

　実習を行うにあたって、「○○を学びたい」と実習の課題を立てたはずです。そうした実習課題が実際に達成されたのかどうかを検討することはとても大切なことです。実例のように実習課題がどのように達成されたのか、またはされなかったのかを具体的に検討していきましょう。

具体的な体験に基づいて学びを整理しよう

　実習での学びは具体的な体験から実感を伴った学びであることに意義があります。抽象的な言葉を並べ立てても、実習での充実した意義ある学びは伝わってきません。せっかくの実習体験を大切にし、具体的な体験からの学びを整理し書きまとめていくようにしましょう。

自らを振り返り、その反省から課題を見出そう

　「○○が学びきれなかった」あるいは「○○が大事だと気づいた」など、自らを振り返り反省する中で、次は「○○を学びたい」、「○○にもっと気をつけよう」などと課題が見えてきます。まとめの実習日誌は、実習を終えるために書きまとめるのではなく、次の授業での学習や次の実習にどうつなげていくか、その課題を見出すために書くものともいえます。

* * *

p.23
Let's try 1
解答例

QUESTION ①　A男が紐を結ぶ際に保育者が手伝っていました。子どもにとって紐を結ぶことは難しいことであると思いました。

QUESTION ②　朝の会の前に自分から片付けをしている子どもを褒めました。その後、座るように言葉をかけました。私が手遊びを行うと楽しんでいる様子が見られました。

Part2

実習指導案 を立てよう

実習指導案を立案する意義

部分実習・責任実習とは何か理解しよう

　保育は、子ども理解にはじまり、子ども理解に基づいた計画の作成、計画に基づいた保育実践、評価・反省、改善の一連の過程により成り立っています。実習ではこうした「保育の過程（プロセス）」を体験することに意義があるといえます。日々、保育者が行っているこうした**保育の営みを体験することで、実践力を身につけていく**のです（下図参照）。

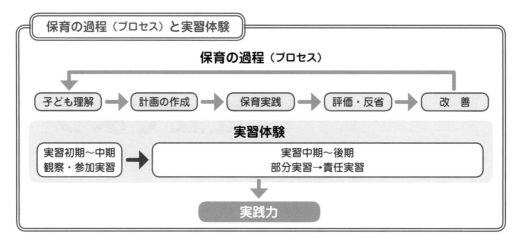

　実習の前半では、子どもとのかかわりを通して子ども理解を深めていきます。実習の後半になると、実習の前半での子ども理解に基づき計画を作成し、実習生が中心となって保育実践を行います。実践後は、評価・反省をし、その後の実習で改善を試みます。こうした計画の立案から実践、評価・反省までの体験を**部分実習**ないし**責任実習**（全日実習・一日実習）などと呼んでいます。保育の短い時間を担当する場合には部分実習、半日ないし一日など、比較的長い時間を担当する場合は責任実習といいます。

実習指導案をなぜ立案するのか考えてみよう

　保育は無計画に行われるものではなく、子ども一人ひとりの発達に見通しをもち、保育のねらいをもって行われています。ですから、実習生が行う部分・責任実習の際も、たとえ短い時間であっても保育者が行うのと同様に計画を作成することになります。本書 p.9 でも述べたように、実習生が作成する保育の計画のことを実習指導計画案（実習指導案）

などと呼んでいますが、実習生は実習指導案の立案を通して保育に欠かすことのできない計画の立案を体験的に学んでいくのです。つまり、実習指導案の立案は、実習生にとって、担当する**保育を見通しをもって計画的に実践する**という意味と、**保育者が行う保育の計画作成を体験的に学習する**という意味があるといえるでしょう。

　施設においても、養護・療育が無計画に行われることはありません。一日や半日単位での責任実習を実施することははとんどありませんが、ある活動の一場面を部分実習で経験する機会はあるでしょう。幼稚園や保育所、認定こども園での実習と同様に、見通しをもって計画的に実践するという意味を理解して実習指導案を立案するようにしましょう。

実習指導案を立て保育を行う意味を理解しよう

　次の文章はある実習生 M さんの感想です。

> 事例 😊　**なぜ、実習指導案を書くの？**
>
> 　A園では毎日のように絵本や紙芝居の実践をさせていただきました。実習指導案は書きませんでしたが、何度も経験させていただくうちに、子どもたちも楽しんでくれている様子がわかり、自分でもうまくできるようになったと実感でき大変勉強になりました。
>
> 　その後、B園での実習で絵本の読み聞かせをすることになり、実習指導案を書くようにと指導を受けました。私は、「実習指導案を書かなくても大丈夫！　上手にできるのに、なぜ実習指導案を書くの？」と疑問に思っていました。ところが、いざ実習指導案を書こうと思うと、思うように書けずに不十分な実習指導案のまま提出することになりました。予想どおり、実習先の指導担当者から多くの指導を受けることになりました。「この絵本を通して子どもたちに何を楽しんでほしいの？」「どんなふうに読んだら子どもたちは楽しめる？」「この絵本を見たいと子どもたちが思えるような導入はどうしたらよい？」……と実習先の指導担当者に質問されるうちに、自分が何も考えていなかったことに気づかされました。
>
> 　保育とは、子どもたちにどんな経験をしてほしいのか、そのためにはどんな環境や援助が必要なのかをしっかり考えて行うこと、そして実習においても実習指導案はそうした考えを明確にし、書きまとめる大事なものであることに改めて気づかされました。
>
> 　実習指導案を書くことは大変でしたが、書いてみると保育のねらいや保育者の援助やその留意点が意識でき、書かずに実践するよりも充実したものとなったと思います。またそのことで、自分が実践したことの評価もしやすく、次はこんなことに気をつけてやりたいという課題も見えてきました。

　A園での体験もとても重要な体験だったと思います。しかし、実習指導案を書いて実践するという体験は M さんの保育の学びをさらに深めてくれました。M さんは、計画を立案して保育を行う意味が体験をもって理解できたのだと思います。

実習指導案に書く内容と
さまざまな形式

実習指導案の構成を理解しよう

　実習指導案を構成する主な要素には、①**年月日とクラス編成**、②**子どもや利用者の姿・活動**、③**ねらいと内容**、④**時間と環境、予想される子どもや利用者の姿・活動、実習生の援助と留意点**、⑤**評価・反省**等があります。

◉ 年月日とクラス編成

　基本的なことではありますが、年月日はこの計画を実践する日がいつなのかを書きます。計画の実践日がいつなのかということは重要な要素の一つです。また、保育や養護・療育の対象となる子どもや利用者の年齢、人数も重要な要素として必ず記入します。なぜならば、対象となる子どもや利用者の年齢、人数がその計画に大きく影響するからです。

◉ 子どもや利用者の姿・活動

　保育の計画は、子ども（利用者）理解に基づいて立案されます。したがって、対象となる子どもや利用者が現在どのような実態であるのか、これまでの子どもや利用者とのかかわりの中でなされた子ども（利用者）理解をもとに現在の姿をまとめておく必要があります。

◉ ねらいと内容

　計画には何をするかということをただ書き記すのではなく、何を目的に行うのかを明確にすることが必要です。つまり保育や養護・療育の目的を明らかにすることが重要になります。何をねらいにして保育や養護・療育をするのか、そのねらいを達成するためにどのような内容を行うのかといった内容を明確にして記入します。

◉ 時間と環境、予想される子どもや利用者の姿・活動、実習生の援助と留意点

　設定したねらいと内容の実現のために、どのような環境や援助が必要かを考え記入します。実習生の援助については、子どもや利用者一人ひとりの求めに応じられるよう、予想される子どもや利用者の姿も合わせて記入します。また、これらがどのような時間の流れで進められていくかを記入します。

評価・反省

　計画を立案しそれを実践した後は、その実践を評価・反省することが重要です。評価・反省を次の実践に生かしていくことで質を高めるといった意味があるからです。計画の立案とその実践で完結するのでなく、立案した計画とその実践に対する評価・反省を記入する欄も設けられています。

実習指導案のさまざまな形式を確認しよう

　具体的に実習指導案とはどのようなものなのでしょうか。実習日誌と同様に養成校や実習先である幼稚園や保育所、認定こども園、施設によってその形式はさまざまです。主なものをいくつか確認してみましょう。

　書式例①は、よく見られるタイプの実習指導案です。「時間」の流れに沿って、「環境構成」「予想される子どもの姿」「実習生の援助と留意点」を書く欄が設けられています。環境構成が左側に位置しているのは、ねらいと内容に基づいた環境構成に対し、子どもが自発的にどのような姿を見せるかを予想し、その姿に応じた援助について見通して考えるといった意味があります。一番下には評価と反省を書く欄が設けられ、本書では省略していますが、実践後、実習先の指導担当者から助言をいただく欄も設けられています。

書式例①

○ 年 ○ 月 ○ 日 ○曜日			実習生氏名　○○○○
クラス名　○○○組（○歳児）　在籍人数：　男児 ○ 名　女児 ○ 名　計 ○ 名			
現在の子どもの姿		ねらい	
		内容	
時間	環境構成	予想される子どもの姿	実習生の援助と留意点
評価と反省			指導者の助言

書式例②

○ 年 ○ 月 ○ 日 （○）　○○○組（○歳児）　男児○名、女児○名、計○名　実習生氏名　○○○○		
子どもの姿		ねらい
		内容
時間	子どもの活動と予想される姿	援助と留意点および環境構成
評価と反省		

書式例 ③

実施日：○ 年 ○ 月 ○ 日 ○ 曜日		担任氏名　○○○○	実習生氏名　○○○○		

クラス名：○ ○ ○ 組（ ○ 歳児）	人数： 男児 ○ 名　女児 ○ 名　計 ○ 名				

子どもの姿		ねらい			
		内容			

活動と時間の流れ	環境構成と準備	予想される子どもの姿	援助と留意点	反省・考察

　前ページの書式例②は、「時間」の流れに沿って、「子どもの活動と予想される姿」が左に位置し、それに対して「援助と留意点および環境構成」を書く欄が右側に設けられています。環境構成も保育者（実習生）の援助であるので、援助と留意点と共に一つの欄にまとめられています。

　書式例③は、書式例①に似ていますが、一番右側には「反省・考察」を書く欄が設けられています。時間の流れに沿って場面ごとに詳細に反省と考察が書き込めるような形式になっており、実習記録の意味もあわせもった形式です。また、一番左側の時間の欄には、子どもの活動を一緒に書けるようになっており、活動の流れが見やすくなっています。

　上記の実習指導案は、一部のもので他にもさまざまな形式があります。形式がさまざまであっても、記載すべき基本的な内容はいずれも同じことが求められています。実習指導案を構成する一つひとつの要素をよく理解しておくことが大切といえるでしょう。また、形式は、養成校や実習先の保育方針などによって考えられた結果、違いがあることを踏まえ、それぞれの形式に込められた意味を理解して立案することが大切です。

指導計画の形式に込められた意味を知ろう

　次の文章は、実習生Fさんの感想です。

事例 😊 **指導計画の形式から園の保育を知ることができた**

　1回目の幼稚園実習では、園の指導計画を見せてもらうことをせずに、大学で用意された用紙に実習指導案を立案しました。そこで、今回、2回目の実習ではぜひ指導計画を見せていただきたいと思い切ってお願いしてみました。すると、年間指導計画や月の指導計画、週案までたくさんの指導計画を見せていただき、さらに一つひとつ指導計画についての説明までしてくださり大変勉強になりました。年間という長い見通しをもって保育が計画されていること、またそれが短期の指導計画につながっていくことが実際の子どもの姿と重ね合わせながら理解することができ、大学で勉強したことがあらためてよく理解できました。

　もっとも勉強になったのは、指導計画の形式に込められた意味です。私はこれまで何も考えずに大学で用意された実習指導案の用紙を使っていたのですが、見せていただいた指導計画はそれとはまっ

たく異なるものでした。指導計画の中心には保育室の環境図が書かれており、その環境図の中に予想される子ども一人ひとりの姿が詳細に書き込まれ、またその横には援助・環境構成の留意点が書かれていました。子どもたちが保育室の中で楽しく遊ぶ姿が目に浮かび、私もとても楽しい気分になりました。この園の指導計画は環境構成をとても重視しているのだということがわかりました。

　責任実習では、私もこの園が立案している指導計画と同じような指導計画を立ててみたくなり、実習先の指導担当者と大学の先生と相談して、これまでのように大学で用意された用紙を使うのではなく園の指導計画を参考に自分で実習指導案の用紙を作成してみることにしました。

　指導計画にはさまざまな形式が各園で工夫されています。それぞれの形式には大切な意味が込められているのです。養成校でも実習指導案の用紙が用意されていますが、Fさんのように実習先の指導計画を参考に自分で形式を考えてみるのもよいでしょう。

column　遊びファイルをつくろう

　部分実習や責任実習をすることになったら、まず「何をしようか」と頭を悩ませることでしょう。そんなとき、できるだけたくさんの遊びの引き出しが自分の中に用意されていれば、「あれにしようか」「これにしようか」と子どもたちの様子を思い浮かべながら考えることも楽しくなります。しかし、自分の遊びの引き出しがなかったり、少なかったりすると、何をしてよいか困り果ててしまうでしょう。実習中に一から遊びを調べている時間はなかなか取れません。実習前から子どもたちの好きそうな遊びを調べ、それをいつでも引き出せるようにファイルにしておくことをお勧めします。

　たとえば、手遊びファイル、絵本ファイル、ゲーム遊びファイル、製作遊びファイル、運動遊びファイルというように、遊びのジャンルごとにファイルをつくります。ファイルには、遊びのタイトル、対象年齢、遊びの内容・遊び方、遊びの楽しさのポイント、実践するときの援助のポイントなどを1枚のシートにまとめてファイルにいくつも加えていくとよいでしょう。遊び方は図やイラストも活用してわかりやすくまとめましょう。手遊びファイルには、楽譜も添付するとよいでしょう。

3 実習指導案立案の手順

実習指導案はどのように立案したらよいのでしょうか。はじめて実習指導案を書く際には、どのように書いたらよいのかわからず不安に思うかもしれません。しかし、基本的には幼稚園や保育所、認定こども園など、現場で作成される指導計画と同様です。落ち着いて、保育・教育課程総論などの授業で学んだことを思い出してみましょう。ここでは、実習指導案立案の手順を確認します。

実習指導案立案の手順

- ➡ STEP ① 子どもや利用者の姿をまとめる
- ➡ STEP ② ねらいと内容を設定する
- ➡ STEP ③ 一日の生活の流れと時間配分を考える
- ➡ STEP ④ 環境構成を考える
- ➡ STEP ⑤ 子どもや利用者の活動・姿を予想する
- ➡ STEP ⑥ 援助とその留意点を考える
- ➡ STEP ⑦ 立案・実践し、評価・反省をする

➡ STEP ① 子どもや利用者の姿をまとめる

計画は子ども（利用者）理解に基づいて作成されます。子どもや利用者の主体性や自発性が大事にされるために、その対象となる子どもや利用者が今、どのような状況にあるのかを把握し、そうした子ども（利用者）理解に基づいてなされなければならないからです。

それでは、保育を行う上で子どものどのような姿をとらえておけばよいのでしょうか。日々の実習の中で、クラスの実態や子ども一人ひとりの発達、また興味・関心をとらえておくことが必要です。具体的には、基本的生活習慣の発達がどのような状況にあるのか、どのような遊びに夢中になっているのか、友達とのかかわり・クラス集団の人間関係はどのようであるか、といったことを把握し、書きまとめます。

➡ STEP ② ねらいと内容を設定する

次に、ねらいと内容を設定します。保育でいうねらいとは、「子どもに育てたい心情、意欲、態度」のことです。幼稚園や保育所、認定こども園では何かができるようになることや知識や技術を高めることを目的とはしておらず、豊かな心情や自ら物事に取り組もうとする意欲、健全な生活を営むために必要な態度といった情意的な事柄を育てようとしています。ですから、ねらいには、現在の子どもの姿から、自らが担当する保育を通して子どもの中に育ってほしいと願う心情や意欲、態度を書きます。

また、ねらいを達成するために保育者が援助し、子どもが経験する事柄が内容です。つまり、内容は実習生（保育者）が一方的に与える活動ではなく、ねらいに基づいて「子どもに経験してほしいと願う事柄」を考えて書くことになります。施設においても基本的には同様で、子どもや利用者に経験してもらいたいことを内容とし、その経験を通して育ってほしいことなどがねらいとなります。

STEP ③　一日の生活の流れと時間配分を考える

　一日の生活の流れと時間配分を考えます。生活の流れは、実習先の生活の流れを参考にすることが大切です。実習先ではそれぞれ日々の積み重ねの中ででき上がったデイリープログラムがあります。何か理由がない限り、毎日の生活の流れを変えてしまうことは、子どもたちや利用者の生活に不安や混乱をきたしてしまう恐れがあります。ただ、その日の活動の内容によっては柔軟に流れを考えていくことも同時に必要になります。

STEP ④　環境構成を考える

　設定したねらいと内容に基づき、それを実現できるように計画を立案していきます。まずは、実現するために必要となる環境を用意しなくてはなりません。どのような環境が必要か、それをどのように用意するか、つまり環境の構成を時間の流れに沿って考えます。具体的には、活動を行う際に必要なものを書き出したり、それをどのように配置し準備したりするかをわかりやすく環境図などを活用して記入します。また、物的環境だけでなく、空間づくりや雰囲気、安全面への配慮なども考えていきます。

STEP ⑤　子どもや利用者の活動・姿を予想する

　環境構成を考えたら、その環境のもとで子どもや利用者が自発的にどのように活動するかを予想します。子どもや利用者の姿は一様ではなく一人ひとり異なります。子どもや利用者一人ひとりに応じた援助ができるよう、それぞれの姿を思い浮かべながらできるだけ多様な各活動の場面の姿を時間の流れに沿って予想していきます。

STEP ⑥　援助とその留意点を考える

　予想する子どもや利用者の姿に基づいて、必要と思われる援助とその留意点を考えます。予想される姿が多様なように、その多様な姿に合わせて援助も多様に考えていかなければなりません。これも時間の流れに沿って記入します。

STEP ⑦　立案・実践し、評価・反省をする

　最後に、実習指導案を立案し、実践した後には、評価・反省し、記入します。実践後の評価・反省は質を高める上で大切です。評価・反省までを実習指導案の立案ととらえ、必ず評価・反省を行うようにしましょう。

実習指導案を書く際の基本的な留意事項

実習指導案は実習先の指導担当者だけでなく、実習先によっては園長（施設長）、主任の保育者（職員）など、さまざまな方に目を通していただき指導を受けます。大切な機会ですから自分の考えが計画に反映するようにしたいものです。そのためにも基本的な留意事項を忘れないように、下記にあげるポイントをしっかりと確認しておきましょう。

➡ POINT ① 事前に相談する

実習指導案を作成するときはまず日程を相談するところからはじめます。実習先の指導担当者から園および施設の日程調整をしていただき決定しましょう。その際、もし可能であれば園および施設、配属されるクラスなどの指導計画などを見せていただくと参考になります（実習先によっては閲覧できない場合もあります）。

また、実習指導案を立案する部分実習や責任実習は、比較的実習期間の後半に行うことが多いものです。前後の活動、子どもや利用者の様子はどうであるかを把握し自分の計画も、そこにつながるように流れをつくるとよりよいものになるでしょう。なお、実習を行うクラスの子どもたちや利用者の全員の顔と名前を覚えることは最低限必要なことです。

➡ POINT ② 早めに作成する

部分実習、責任実習の日程が決まったら、いよいよ実習指導案の作成です。園や施設の一日の流れを理解した上で実習先に即した形で立案しましょう。そして、指定された期日までに仕上げられるよう、実習先の指導担当者から指導を受ける時間も予想しできるだけ早めに作成しましょう。

➡ POINT ③ 提出期日を守る

日々の実習に追われてしまい実習指導案が提出期限に間に合わなかったという例も過去に耳にしたこともあります。実習指導案の提出期日に遅れて提出することは決してあってはなりません。せっかくの部分実習、責任実習の印象も悪くなってしまいます。

事前にいくつかの計画をもちながら実習に臨むようにしましょう。

➡ POINT ④　修正をしながら仕上げる

　実習指導案を提出すると実習先の指導担当者から指導を受けます。さまざまな視点から助言を受け、修正が求められるでしょう。しかし、修正期間はそれほど長い期間設けられることはなく、翌日、翌々日など、短期間に修正しなければなりません。場合によっては、大幅な修正を求められることもあります。自分のどこに課題があるのかよく考えながら書き直す努力をしましょう。

➡ POINT ⑤　ていねいに書く

　読み手は実習先の指導担当者だけではなく複数の場合もあります。指導をいただく実習指導案ですから、見やすく書かれているか、ねらい、環境図、準備物、動線などしっかりと書き込まれているかなど、細かいところにも気を配りながら作成しましょう。

➡ POINT ⑥　活動に必要なものを準備する

　紙芝居や絵本、製作で使う用具や材料など実習で行う活動に必要なものの準備は、基本的には実習生自身が用意します。しかし、実習先によっては園や施設の備品（絵本や紙芝居など）・消耗品（画用紙や折り紙など）をお借りできる場合があります。実習先の備品・消耗品などを借りる際には、必ず確認、許可をとり、その上で活動に必要なものの準備についても実習指導案に記入しましょう。借りた備品は数を確認し、返却する際には破損などがないかも確認します。また、消耗品は大切に使いましょう。

➡ POINT ⑦　雨天プログラム（予備の実習指導案）を考える

　部分実習や責任実習を屋外で行う予定にした場合、忘れてはいけないのが雨天時対策です。屋外の活動の実習指導案を立案した場合は、必ず雨天時の予備の実習指導案も立案しておきましょう。その際には、雨天で行う計画としても自分が行おうとしているねらいに即しているかに留意しましょう。雨天の場合の場所や備品を借りる場合などは、それらの許可も事前にとりましょう。雨天ならではの安全対策も万全に行ってください。

➡ POINT ⑧　他のクラスの動きに配慮する

　配属されたクラス以外の周囲のクラスの動きにも配慮したいものです。音を出す活動や子どもたちの気持ちが高揚し、騒がしくなってしまう場合など予測をしながら作成してください。まわりのクラスの子どもたちの活動の妨げにならないようにするなどの配慮が必要です。あくまでも、実習をさせていただくという気持ちを忘れないように計画時から留意しましょう。

部分実習指導案の実際とポイント

部分実習とは何だろう

　部分実習とは、一日の保育（養護・療育）の一部分を実習生が担当して学ぶ実習のことをいいます。毎日、保育者や職員が実践している一部分ですが、実習生にとっては自分が考えて計画をし、保育や養護・療育を実践できる、とても学びの多い貴重な実習の一つです。子どもや利用者にとっても保育や養護・療育を受ける大切な時間です。たとえ短い時間であっても部分実習を行う際は、計画を立てることが必要となります。したがって、あらかじめ実習先の指導担当者とよく相談をして、事前準備はしっかり行っていきましょう。

　部分実習といっても、一日のどの部分を任されるのかによって、計画していく活動の内容も変わります。1回2週間程度の実習の中でも、実習初期の段階では実習生が比較的取り組みやすい内容で時間も10分程度の短いものが中心です。実習中期・後期になってくると、事前の計画や準備物が必要な内容になり、任される時間も30〜90分くらいと長くなり、任される時間帯も一日の中でも大切な時間帯となってきます。

　たとえば、実習初期であれば、活動の前後の手遊び、絵本の読み聞かせなど、短時間で行えるものであったりしますが、実習が進むと朝の会や帰りの会など園生活の区切りとして大切な部分を任され事前準備がより必要となってきます。そして、実習後期には、その日の主な活動を任されるなど、部分実習指導案にも綿密な計画が必要となり、子どもや利用者の様子に合わせて柔軟にかかわっていきながら進めていかなければなりません。一例として幼稚園や保育所などで、よく行われる部分実習についてまとめましたので参考にしてみましょう。

よく行われる部分実習例

場面（時間帯）	部分実習の内容	おおよその実習段階※と実習時間
登園時	登園する子どもの受け入れから朝の好きな遊び	実習中・後期（60分〜90分程度）
朝の会	朝の歌、朝のあいさつ、出席確認	実習中期（15分程度）
午前中	午前中の主な活動（ゲームや製作、運動遊びなど）	実習後期（60分〜90分程度）
昼食（前後）	食事前後のあいさつ、食事前の歌や絵本の読み聞かせ	実習初期（10分程度）
午睡	布団に入る前の絵本の読み聞かせや紙芝居	実習初期（10分程度）
おやつ	おやつの前の歌、あいさつ	実習中期（15分程度）
午後	午後の主な活動から好きな遊び	実習後期（60分〜90分程度）
帰りの会	帰りの歌、帰りのあいさつ、明日の連絡事項	実習中期（15分程度）
降園時	降園時の子どもとのあいさつ、引き渡し、夕方の活動、引き継ぎ	実習中期（15分程度）

※ここでの実習段階とは、1回の実習期間の中での初期、中期、後期を示しています。

なお、施設での実習の場合も基本的には幼稚園や保育所、認定こども園と同様です。ただし、実習先によって、子どもたちや利用者の年齢の幅が広かったり参加する人数もさまざまなので、実習先の施設の生活の様子を十分に事前に把握しておくことが大切です。施設での部分実習ではレクリエーションなどの余暇活動の時間を担当することが多いため、ゲームや手品などの出し物をいくつか用意しておくとよいでしょう。

活動の引き出しは多くつくっておこう

どの実習先の保育者や職員も、実習生に実習で多くの学びを得てもらいたいと思って指導してくださいます。そして、比較的取り組みやすく、保育（養護・療育）を実体験でき、その楽しさやむずかしさを感じることのできる部分実習を積極的に取り入れてくださる実習先も少なくありません。そのように実習先の保育者や職員の方々が、実習生を保育者として育てていこうという思いやそのような場を実際につくってくださるということは本当にありがたいことです。だからこそ、実習生はより学びのある実習にするために、しっかりと事前準備をしていくことが大切です。

たとえば、実習前に手遊びなどのレパートリーをあらかじめ増やし、頭で考えなくても手が自然に動く段階までにしておいたり、実習時期の季節に合った絵本や紙芝居をあらかじめ自分で選んで用意をして、もち方や見せ方、読み聞かせ方などを練習しておくようにするとよいでしょう。また、実習がはじまってからは、製作するのに時間のかかるペープサートやパネルシアターなどの児童文化財を製作することはむずかしい状況にあります。実習がはじまる時期を意識して、実習前の時間が比較的確保できる時期に、前もっていくつかつくっておき、子どもや利用者と一緒に楽しんでいくことができるようにシミュレーションしておいてください。

このような心構えをもち、事前準備をしておくことで、実習に対しての不安が少なくなったり、取り組む姿勢にも積極性が自然と表れてきます。事前準備を十分に行い、**活動の引き出しを増やしておくことで、気持ちにも余裕がもてる**はずです。

では次ページよりさまざま場面での部分実習指導案について紹介していきます。部分実習指導案を立案するための大切なポイントについてもそれぞれ明記し説明を加えてあります。実際にみなさんが実習指導案を立案する際にも、それらに十分留意しましょう。

部分実習（幼稚園・4歳児）── 朝の会での歌の活動

日時	○○ 年 6 月 5 日 火 曜日	実習生氏名	○○○○

クラス名	れんげ 組 (4 歳児)	在籍 男児 18 名・女児 12 名　計 30 名

担任名	○○○○ 先生　○○○○ 先生

<現在の子どもの姿>
・毎日、幼稚園で遊ぶことを楽しみに登園している姿が見られる。
・園庭では、天候が良い時には裸足になって泥遊びを楽しんでいる。
・保育者が読み聞かせる絵本や演じる紙芝居が大好きで「今日はどんなお話?」と楽しみに聞いてくる姿が見られる。

<ねらい>
・クラスの友達と挨拶をして、気持ちの良い朝を迎える。
・絵本を見ながら、今月の歌の雰囲気を感じ取り、歌うことを楽しむ。

<内容>
・朝の会（朝の挨拶・出席確認）に参加しクラスの仲間と朝の楽しいひとときを過ごす。
・今月の歌「あめふりくまのこ」を楽しんで歌う。

POINT①☞ 季節に合わせたねらいを設定しよう。

時間	環境構成	予想される子どもの姿	実習生の援助と留意点
9:40	保育室 ロッカー 出入口 （子）（子）（子） （子）（実）（子） 玩具棚 ピアノ　ままごと	○椅子に座る ・実習生の言葉かけで自分の椅子を持ってきて座る。 ・友達と座りたくて言葉をかけて誘う子どももいる。 ・気持ちが落ち着かずなかなか座らない子どももいる。 ○朝の挨拶 ・椅子から立ち上がる。 ・みんなで「おはようございます」と挨拶する。 ○出席確認 ・名前を呼ばれた子どもは元気良く返事をする。 ・呼ばれることを楽しみにして待っている子どももいる。 ・欠席している子どもについて「○○ちゃんは?」と関心を持ち実習生に聞いてくる。	・子どもたちに集まるように言葉をかける。 ・半分以上の子どもが集まったら、子どもの前に立ち、登園時の様子や天気の話などをしながら全員が集まるのを楽しく待てるようにする。 ・なかなか集まらない子どもには「待ってるよ」と言葉をかけ、集まる気持ちを持てるようにする。 ・全員集まったことを確認して、子どもに立つように言葉をかける。 ・実習生が先に「おはようございます」と挨拶して、子どもたちが続いて挨拶できるようにし、明るい表情で気持ち良く、一人一人に届くように行う。 ・子どもの名前を正確にはっきりと呼ぶ。 ・名前を呼ぶ時には、子ども一人一人と目を合わせ、子どもの返事をきちんと聞き取り、笑顔で受け止めるようにする。 ・子どもの返事をする声、顔色、様子等を良く観察して、健康状況を把握する。 ・欠席している子どもがいる場合には、子どもたちに伝える。
9:50	**🔊ココも大事** 子どもがイメージをもって歌を楽しめるような導入を考え、子どもの様子を見ながらていねいに行おう。	○今月の歌を歌う ・絵本『あめふりくまのこ』を見て「知ってる」「この前歌った」など興味を持って質問に答える。	・まだ歌い始めて間もないので、絵本『あめふりくまのこ』を見せ、「この歌知ってるかな?」と質問するなどして、興味を持てるような導入をする。 ・絵本を見せながら無伴奏で実習生が歌う。テンポをゆっくりにして、丁寧な発音で歌の雰囲気を大切にするようにする。
		・絵本を見ながら一緒に歌おうとし、口ずさんでいる。 ・ピアノの伴奏に併せて、完全に覚えていないながらも歌おうとする。 ・慣れてくると、ふざけたり、怒鳴り声で歌う子どももいる。 ・「きれいな声で歌う」「怒鳴ると耳が痛くなる」など実習生の質問に答える。 ・「楽しかった」など感想を言葉にして伝える。	・伴奏に合わせて歌うことが難しいようであれば、もう一度、絵本を見せながら再度無伴奏で歌う。 ・ある程度歌える状況になったら、ピアノで弾き歌いをする。子どもが歌うことを楽しめるように、伴奏を間違えても、歌が途切れないように、実習生が歌を歌い続けるようにする。 ・「あれ?　喉が痛くなりそうな声が聞こえたけど、みんなはどう思うかな?」と質問をし、歌う声について、子ども自身で考えていけるようにする。 ・子どもが質問したことに答える姿を認めて、うなずいたり、「そうだね」など、受け止めていく。 ・「これは雨の日のくまさんのお話の歌でしたね。明日もみんなで楽しく歌おうね」と、感想を伝えて、担任の保育者に引き継ぐ。
10:00			

POINT②☞ 子どもが「うたうこと」を楽しめるような配慮を考えよう。

POINT③☞ どのような歌声がよいのか気づけるような言葉かけをしよう。

POINT ① ☞　季節に合わせたねらいを設定しよう

　実習指導案を考えるときに、大切にしたいことの一つに「季節」があげられます。私たちの住む日本には四季があり、その季節ならではの楽しい過ごし方があるのです。園生活においても、四季を感じながら生活や活動を楽しむことをぜひ意識をしてほしいと思います。

　前ページの朝の会の実習指導案では、6月という実習時期にふさわしい梅雨を取り上げています。「梅雨」とはどのような季節なのか、ということを単なる言葉による説明ではなく、一人ひとりの子どもが「楽しみ」を感じて「梅雨を」迎えられるように、朝の会のねらいを設定しています。季節に合わせたねらいを設定することで、朝の会でこれから迎える季節に楽しみをもてるような活動になったり、子どもたちが楽しい一日のはじまりと感じられるようになるのです。実習では、実習指導案において実習する時期の季節に合わせたねらいを設定して、その季節ならではの楽しみがふくらむような活動に挑戦してください。

POINT ② ☞　子どもが「うたうこと」を楽しめるような配慮を考えよう

　歌をうたう活動で、実習生がまず意識することは「ピアノ伴奏や弾きうたいが失敗なくできるかどうか」ということではないでしょうか。しかし、歌をうたう活動で一番大事にしたいのは、「子どもたちが歌そのものを楽しくうたっているかどうか」ということです。うたいはじめたばかりだから歌詞をていねいに伝えていく、覚えてきたらみんなで声を合わせる楽しさを伝えていく、歌そのものをうたえるようになったら、伴奏をしたり簡単な楽器を演奏するなどしてうたうことや音楽として楽しむようにしていく、というように一つひとつの段階を大切にして、どの段階でも楽しむことができるような配慮が大切となります。

POINT ③ ☞　どのような歌声がよいのか気づけるような言葉かけをしよう

　友達と歌をうたうという活動は、"お互いに知っている歌を共有すること""お互いの歌声を合わせる"などの楽しさがあり、それがお互いのありのままの存在を認め合い、お互いの気持ちに寄り添うことを心地よいと感じるなどの心の育ちにつながるすばらしい保育の活動です。

　そのことを踏まえて、"歌をうたうことを楽しい"と感じられる活動にしていくために、どのような歌声でうたうことが望ましいのでしょうか。まず、自分が歌をうたう行為が心地よいと感じる声の出し方や大きさであり、友達と一緒にうたう際には、お互いの声を聞き合いながらうたうことができる歌声といえるでしょう。保育者はそのことに子ども自身が気づくことができる言葉かけをしていくことが大切です。指導案例のように怒鳴るような声が聞こえたときは、子どもが自ら考える機会にしていき、心地よい歌声でうたうときには、「聞いている人もうたう人も気持ちよかったね」と大いにほめていきましょう。

部分実習（保育所・2歳児）── 午睡の前の手遊び

日時	○○ 年 11 月 20 日 木 曜日		実習生氏名	○○○○
クラス名	うさぎ 組（ 2 歳児）	在籍 男児 10 名・女児 8 名　計 18 名		
担任名	○○○○ 先生　　○○○○ 先生　　○○○○ 先生			

＜現在の子どもの姿＞
・語彙数が増えて、友達同士で自分の要求や思いを言葉で伝えられるようになってきている。
・場所や玩具等の取り合いから、うまく気持ちを伝えられずに、手などが出てしまうこともある。
・今まで楽しんできた手遊びを気の合う友達と一緒に楽しんでいる姿が見られる。
・「チョキ」ができるようになり嬉しそうに見せる。

＜ねらい＞
・新しい手遊びを実習生や友達と一緒に楽しむ。
・動きのある手遊びを真似することを喜ぶ。

＜内容＞
・手遊び「きつねがね、ばけたとさ」を楽しむ。

時間	環境構成	予想される子どもの姿	実習生の援助と留意点
12：00	保育室・トイレ トイレ 押し入れ （保）○○○○○ ○○○○○○ （実）○○○○ ロッカー	○片付け ・実習生の言葉かけによって、片付けをして排泄をする。 ・排泄をすませると、保育室に集まって座る。 ・なかなか集まらない子どもがいる。 ・集まらない友達を気にする子どももいる。	・もうすぐ午睡の時間になることを伝え、片付けをして排泄をすませるよう促す。その時、トイレに必ず保育者がついていることを確認する。片付けは、実習生も子どもと一緒に行う。 ・みんなで楽しい手遊びをしたいことを伝えて、保育室に集まるように言葉をかける。待っている子どもと手遊びのことを話しながら、全員が揃うことを待つ。 ・実習生が座っている位置から子どもたち全体が見えるかを確認する。
12：10		○手遊び「きつねがね、ばけたとさ」 ・実習生の話を聞き、手遊び「きつねがね、ばけたとさ」を見る。 ・実習生の動作を真似て、わからないながらもやってみようとする。 ・一度手遊びを終えると「楽しい」「もっと、やりたい」等、子どもが思いを言葉で伝える。 ・少しずつ覚えてきて、楽しそうに手遊びをする。 ・わからなくて不安になっている子どももいる。 ・数回繰り返すうちに、保育者や友達と一緒にできることを喜ぶ子どもが増えてくる。	・手遊び「きつねがね、ばけたとさ」を一緒に楽しみたいと伝え、子どもの様子を見ながら、実習生がゆっくり大きな動きで行う。 ・真似しようとしている様子を受け止めて、子どもと目を合わせたり、笑顔で手遊びを行っていく。 ・「みんなかっこよくできるんだね」など、やってみようとした姿やもっとやりたい気持ちを受け止めて、「一緒にやってみようね」と言葉をかけて楽しむ。 ・子どもが自然に真似できるように、ゆっくり大きな動きを心がける。 ・わからない様子が見られる子どもには、動きをわかりやすく体を向けるなどしていくようにする。 ・手遊びの動きを子どもが覚えてきたら、テンポを早くしたり、一緒に歌を歌ってみようなどの言葉かけをして、この手遊びをもっと楽しめるようにしていく。 ・最後の時は「これが最後」という内容を事前に伝え、終わりを明確にする。
12：25		・実習生の静かな声を聞いて、子どもも話をやめて静かになる。 ・「おやすみなさい」と挨拶をして、布団に入る。	・この後、自分の布団に入り午睡の時間であることを伝える。お話はおしまいにして、静かに布団に入るように話していく。実習生も静かな声で話す。 ・布団に入る気持ちになるようみんなで「おやすみなさい」と静かに挨拶をする。 ・担任の保育者に引き継ぐ。

POINT① ☞ 午睡前であることを意識した活動内容や環境構成を考えよう。

POINT③ ☞ 予想される子どもの様子を具体的に記していこう。

POINT② ☞ 片づけは年齢に合わせた援助をしていこう。

◁)) **ココも大事** 子ども全員が楽しむことを基本にしていこう。

◁)) **ココも大事** 次の行動に入りやすくするための雰囲気づくりを大切にしよう。

POINT ① ☞　**午睡前であることを意識した活動内容や環境構成を考えよう**

　午睡前の部分実習の場合、一番に配慮したいのは「楽しみながらも落ち着いた雰囲気を大切にする」ということです。子どもは、これから布団に入り入眠するはずなのに、声を大きく出したり、気持ちが高ぶるような動きのある活動内容にしてしまうと、もっと体を動かしたい気持ちになって午睡どころではなくなってしまいます。手遊びもさまざまなので、しっかり考えて選択していきましょう。

　さらに、実習生の声の大きさや環境構成への配慮はとても大切になってきます。環境図には午睡前の手遊びを意識した保育室の環境を正確に記すようにしましょう。実習生の位置や保育者の位置も記載されているとわかりやすいでしょう。

　また、集まっている子どもに聞こえる程度の大きさでやさしい声を心がけたり、室内は電気は消してみるなどをするだけでも、午睡前の静かな雰囲気になります。子どもの生活を大切にした活動内容や環境構成を考えて行いましょう。

POINT ② ☞　**片づけは年齢に合わせた援助をしていこう**

　「片づけ」は保育のあらゆる場面で行われ、部分実習でも必ず場面として書かれることでしょう。その場合、子どもの発達に合わせて「片づけ」の援助を考えていく必要があります。2歳児クラスの場合であるならば、「片づけをしましょう」と伝えながらも、実習生も率先して一緒に片づけたり、何がはじまるのか見通しをもった言葉かけをすると、子どもも意欲をもって片づけようとします。「これはどこかな？」と子どもに聞いてみるのもよいでしょう。部分実習を行う子どもの発達や今の姿をよく把握して、「片づけ」をどのように援助していくのか記すようにしましょう。

POINT ③ ☞　**予想される子どもの様子を具体的に記していこう**

　「予想される子どもの姿」の欄には、実習指導案を立てる中で、"各々の場面であなたが予想することができる子どもの姿"を書くことになります。実習生がちょっとした言葉をかけたり、働きかけたりすると、子どもたちはさまざまな姿を見せてくれることでしょう。たとえば、実習生が「そろそろ片づけをはじめてお昼ご飯にしようか？」と言葉かけをすると、その言葉を聞いてすぐに片づけをはじめる子どももいれば、片づけよりも昼食に意識が向いて片づけをしない子どももいます。あるいは、もっと遊びたくて実習生の言葉かけに耳を傾けずに、遊び続ける子どももいることでしょう。このように予想される子どもの姿を読み手にわかるように具体的に書くことが大切です。

　それでは、なぜ、いくつもの「予想される子どもの姿」を具体的に書く必要があるのでしょうか。それは、各々の場面の子どもの姿をしっかり予想しておくことで、実際に部分実習を行うときに心の余裕をもてるようになり、落ち着いて子どもとかかわることができるようになるからです。部分実習などは、実習生自身もとても緊張しますので、事前の準備としても具体的に書くように心がけてください。

日時	○○ 年 6 月 22 日 月 曜日	実習生氏名	○○○○

クラス名	に　じ組（3歳児）	在籍 男児 9 名・女児 11 名　計 20 名

担任名	○○○○ 先生　○○○○ 先生

<現在の子どもの姿>
・保育者の話を聞く中で「なぜ」「どうして」といった疑問を持ち、質問をする姿が見られる。
・絵本を読んで感じたイメージを、遊びの中で発展させる姿が見られる。
・プール開きを前にして、水遊びを楽しみにしている姿が見られる。

<ねらい>
・絵本の読み聞かせを通してプール開きへの期待を高める。

<内容>
・絵本『ぐりとぐらのかいすいよく』を読んで水遊びのイメージを広げる。

POINT① 次の活動を踏まえてねらいを考えよう。

POINT② 全員に絵本が見えるような環境構成にしよう。

時間	環境構成	予想される子どもの姿	実習生の援助と留意点
13：00	片付け　（室内図：ドア、本棚、ホワイトボード、実、子、壁面装飾、玩具棚、玩具棚、テーブル、テラス出入口）	○片付け ・片付けの終わった子どもからホワイトボードの前に椅子を持ってきて座る。	・「今日は素敵な絵本を読もうと思います」と次の活動の見通しが持てるよう言葉かけをする。 ・片付け終わった子どもから、ホワイトボードの前に座るよう伝える。
13：10		○手遊び「魚がはねた」 ・実習生の動きを見ながら、次はどこに「くっつくかな」「何になるかな」と期待しながら手遊びをする。	・知らない手遊びかもしれないので、ゆっくり歌う。 ・「くっついた」の次は、何になるか期待を持てるよう、子どもの表情を見ながら間を置く。 ・「お魚さんはみんなみたいに泳ぐの大好きだよね、じゃあ、ぐりとぐらは泳ぐことできるかな？」と問いかけ絵本につなげる。
13：15		・「泳げるよ！」「ねずみは泳げないよ」など様々な反応がある。	・反応に応えながら「じゃあ、どうかな。読んでみるから、後ろのお友達にも聞こえるように、静かに聞いてくださいね」と伝える。 ・後ろの子どもから端の子どもまで見えるよう、絵本の向きや位置に配慮する。 ・歌の部分はふしをつけて歌う。
		○絵本『ぐりとぐらのかいすいよく』 ・読み進めていくと、「真珠って何？」「灯台って何？」と聞いたことのない言葉の意味を尋ねる子どもがいる。	・子どもの問いかけには、話の流れが崩れない程度に簡潔に応える。もっと知りたいようならば「後でゆっくりお話しますね」と伝える。 ・泳ぎのイメージが広がるように、手でジェスチャーを交えて話す。
		・様々な泳ぎ方が出てくるシーンでは「ぼくもできるよ！」「すごーい」などの反応がある。 ・飽きてきて、別の方向に視線が向いている子どもがいる。	・集中が途切れがちな子どもにアイコンタクトをとり「お話、聞いてほしいな」のサインを送る。 ・子どもの聞き具合を見て、緩急を調整しながら読み進める。 ・最後のシーンは静かめの声の調子で話し、落ち着いた雰囲気で終えられるようにする。
13：25	・ぐりとぐらからの手紙をあらかじめ実習生のポケットに用意しておく。	・終盤は少々興奮気味の子どももいる。 ・手紙を見たくて立ち上がろうとする子どももいる。 ・「探してみる！」と元気に答える姿が見られる。	・「実はみんなにも手紙が届いています」と静かな雰囲気で手紙を紹介する。 ・「明日はいよいよプール開きですね。にじ組しんじゅをプールで探してくださいって書いてあります。みんなで探しに行く？」と提案する。 ・「水に顔をつけたら、しんじゅが見えるかもね！」と意欲を誘い、プールへの期待を持つようにする。
13：30			・担任の保育者に引き継ぐ。

POINT③ 現在の子どもの姿を踏まえた援助を考えよう。

POINT④ 子どもの思いと保育の流れのバランスをイメージしよう。

POINT①☞ **次の活動を踏まえてねらいを考えよう**

　部分実習のねらいを考える際には、子どもの生活の前後の状況を踏まえた上で立案することが必要です。その時期の指導計画のねらいや内容を参考にしてねらいを立てるようにすると、子どもの実態に即したねらいとなるでしょう。そのためには、実習指導案立案の際に、実習先の指導担当者に実習日前後の保育の予定、当日の保育の流れ等を事前に確認することも大切です。

POINT②☞ **全員に絵本が見えるような環境構成にしよう**

　絵本の読み聞かせの際に、子どもたちは大人以上に細部までの絵を見つめています。その際、まず考えなければならないのは絵本までの距離です。絵のサイズ、絵本のタッチや描写の細かさによって子どもたちからよく見える距離は異なります。事前に角度・距離・高さなど「子どもたちからの見えやすさ」を確認しましょう。また、読み手の背景にも注意が必要です。日光で絵本が反射していないか、絵本の背景に注意が逸れやすいものはないか、読み手の服装は絵本の世界を壊さないか（キャラクターが描かれた服、派手な色合いの服は避けるなど）、十分に配慮しましょう。座り方もメリット・デメリットがありますので、前後の活動へのつながりも考えて環境設定をするとよいでしょう（本書 p.135、column 参照）。

POINT③☞ **現在の子どもの姿を踏まえた援助を考えよう**

　実習指導案は子どもを動かすマニュアルではありません。子どもの活動がより充実したものとなるよう、展開と環境構成、そして保育者の配慮を考えるためのものです。そのためには、現在の子どもの姿を的確にとらえることが不可欠です。「こう伝えたらＡちゃんはどんな反応をするだろうか」など、一人ひとりの姿を思い浮かべながら実習指導案を立てましょう。

　実習生の場合、実習前に実習指導案を準備する必要もあるでしょう。その場合には、対象年齢の一般的な発達や興味・関心などから子どもの姿を予想することになります。その上で、実習開始後に子どもの実態に即して実習指導案の修正をしましょう。現在の子どもの姿をとらえることで、子どもの思いに近づいた展開と援助を考えることができるでしょう。

POINT④☞ **子どもの思いと保育の流れのバランスをイメージしよう**

　絵本を読む中で、子どもは次の展開を先に言葉に出したり、疑問に思ったことをその場で質問したりと、さまざまな反応が予想されます。これらの反応すべてに応えていると、ストーリーが途切れ子どものイメージが広がらず、集中力も落ちてしまうでしょう。しかし、子どもの反応に耳を傾けずに進めてしまっては、子どもにとっては消化不良の経験になってしまうかもしれません。そこで大切にしたいことは、子どもに育てたいことは何かという「ねらい」を意識することです。ここは子どもの疑問にていねいに応えるべきなのか、話を集中して聞いてもらうことを大切にするのか、ねらいを意識することで援助の方向性を見定めることができるでしょう。

部分実習（保育所・4歳児）── ゲームなどの活動

日時	○○ 年 11 月 20 日 木 曜日		実習生氏名	○○○○
クラス名	ゆ り 組 (4 歳児)	在籍 男児 13 名・女児 11 名　計 24 名		
担任名	○○○○ 先生			

<現在の子どもの姿>
・鬼ごっこの中でも氷鬼、色鬼等、ルールのある遊びを楽しむようになってきている。
・ごっこ遊びの世界を深め楽しんでいる。
・集団で遊ぶ楽しさを味わい、一つの遊びが長く続くようになる。

<ねらい>
・ルールのある遊びを楽しむ。
・友達と一緒に集団のゲームをする。

<内容>
・「フルーツバスケット」の集団ゲームを楽しむ。

時間	環境構成	予想される子どもの姿	実習生の援助と留意点
10：30 10：50 11：00 11：20	・じゅうたんを敷き子どもが座るスペースを作る。 （実） ○○○○○○○ ○○○○○○○ ○○○○○○ じゅうたん ［□□□□□□□］椅子 （実） ○○○○○○ ○ 円形に座る ○ ○○○○○○ じゅうたん <準備する物> ・お面（柿、栗、ぶどう、さつまいも）各6枚ずつ、計24枚	○実習生の言葉かけによって、片付けをする。 ・実習生と一緒に片付けをする。 ・遊びを続けている子どもがいる。 ・排泄をする。 ・戸外から戻った子どもは手洗い、うがいをする。 ○実習生の前に座る。 ・手遊び「いちたくんのおひっこし」をする。 ・円形に座るため椅子を持って移動する。 ○「フルーツバスケット」 ・ゲームの説明を聞く。 ・説明を聞いていない子どもがいる。 ・お面を順番に受け取りながら自分のグループを意識する。 ○ゲーム開始 ・初めは実習生が鬼になりゲームを行う。 ・子どもが鬼になりゲームが進行する（わかりにくい子どもには実習生がそばにいる）。 ・はしゃいで走り回る子どもがいる。 ・鬼になりたがる子どもがいる。 ・鬼を嫌がる子どもがいる。 ○終了 ・お面を実習生に渡す。 ・次回を楽しみにしながら話を聞く。	・活動の始まる5分前には片付ける言葉をかけ、子どもが見通しを持ち自分から片付けができるように働きかける。 ・片付けを実習生と一緒にしながら次の活動を楽しみにできるようにする。 ・排泄、手洗い、うがいをすませた子どもから実習生の前に座るように言葉をかける。 ・実習生が立っている位置から子どもたち全体が見えるかを確認する。 ・子どもが全員集まるまで手遊びをしながら楽しい雰囲気を作る。 ・移動の際、危険のないように安全管理をする。 ・「今度はみんながおひっこしですよ」などと次の活動につながるような導入となる言葉かけをしながら椅子の準備などをする。 ・円の真ん中で実際に実習生がロールプレーをしてわかりやすくルールを説明する（鬼が自分のグループ名を言ったら移動、隣の席への移動は禁止、「フルーツバスケット」の合図は一斉に動く等）。 ・あらかじめ作成しておいたグループのお面（柿、栗、ぶどう、さつまいも）を順番に渡す。一人一人にグループ名を伝え意識を持つように働きかける。 ・初めは実習生がリードをして子どもたちの様子を把握する。 ・危険な移動の仕方を実際に見せながら子どもたちが考えられるようにする。 ・子どもの反応を見ながら子どものペースに合わせて進めていく。 ・一人一人の様子を見ながらルールが把握できるように伝えていく。 ・鬼のなり手が同じ子どもばかりになる時は実習生が言葉をかけて子どもたちと考える場を設ける。 ・子どもの様子を見ながら終了の言葉をかける。 ・じゅうたんに座るように言葉をかける。 ・お面を集める。 ・担任の保育者に引き継ぐ。

POINT①☞ 子どもの主体性を大切にした援助を考えよう。

POINT②☞ わかりやすいルールの説明を工夫しよう。

POINT③☞ はじめて行うゲームなどは実習生がリードして行おう。

ココも大事 準備物についても記載しておこう。お面のフルーツも季節感を考慮しよう。

POINT ① ☞　**子どもの主体性を大切にした援助を考えよう**

　「主体性を考える」具体的な援助として、この実習指導案の中の片づけの場面を考えてみましょう。「活動の始まる5分前には片付ける言葉をかけ、子どもが見通しを持ち自分から片付けができるように働きかける」と留意点に記載されています。少し前に片づけの情報を提供することで子どもは考える時間を与えられます。その中で自分から片づけをするという葛藤の場面に出合います。子どもの主体性の育ちはこのような生活の隙間にどう保育者がかかわるかによって大きく影響していきます。

POINT ② ☞　**わかりやすいルールの説明を工夫しよう**

　新しいゲームにはじめて出会うときはルールを覚えなくてはなりません。特に4歳児の場合、子どもの理解する力にも差が見られることがあります。ルールを覚えるためにわかりやすい説明の工夫が大切です。この実習指導案では「円の真ん中で実際に実習生がロールプレーをして……」とあるように、実習生自身が実際にやって見せることで具体的にルールを説明しています。また、子どもたちが興味をもっているか、楽しそうに話を聞いているかなどがとても重要なポイントになります。そのため「導入」も子どもの気持ちが自然にやる気が起きるようなアイディアをたくさん考えてください。「楽しそう」と思う気持ちから最後に「楽しかったね」につながっていきます。

POINT ③ ☞　**はじめて行うゲームなどは実習生がリードして行おう**

　はじめて行うゲームなどの集団での活動は実習生がリードして行うと子どもたちにもわかりやすいでしょう。そのためには、ゲームのやり方を事前にしっかりと確認しておきましょう。自分自身はわかっているつもりでも、子どもたちに伝えるためには、ていねいなわかりやすい説明が必要となります。そのためにもゲームのやり方などは実習指導案に別紙としてつけたり、書き出すなどして準備しておくとよいでしょう。

実践例　フルーツバスケット

① 円の形になって座る。
② 鬼を一人決めて鬼は真ん中に立つ（鬼は保育者が決めてもよい）。
③ その際、鬼の椅子は取り除きます。
④ お面やメダル（子どもが親しんでいるフルーツが描いてあるもの）を座っている子どもに順番に渡す（例：いちご、メロン、りんご、ぶどうなど、4つ程度がよい）。子どもも自分のグループの意識をもちはじめる。
⑤ 鬼が4つの中から好きなグループをいう。
⑥ 「いちご」と言ったらいちごグループと鬼が席の移動をする。その際、隣の席は座ってはいけない。
⑦ 席の数が一つ足りないので座れなかった子どもが新しい鬼となる。
⑧ 「フルーツバスケット」といったら全員が動く。
⑨ これを何度か繰り返し行う。

応用編　「なんでもバスケット」

　慣れてきたら、フルーツのグループに分けずに、鬼のいろいろな発想で発言し楽しめる（例：女の子、男の子、白い靴下の人、縄跳びが好きな人など）。該当する人が席の移動をする。

部分実習（保育所・3歳児）
— エプロンシアター®

日時	○○ 年 6 月 16 日 火 曜日		実習生氏名	○○○○
クラス名	ひよこ 組（ 3 歳児）	在籍 男児 9 名・女児 8 名　計 17 名		
担任名	○○○○ 先生　○○○○ 先生			

<現在の子どもの姿>
・自分の経験を言葉で伝えることができるように
　なる。
・友達と同じ体験をすることにより、共通の話題
　で遊びを楽しんでいる。
・簡単なストーリーがわかるようになる。

<ねらい>
・新しいエプロンシアターを友達と一緒に楽しむ。
・身近にある物からお話のイメージを広げる。

<内容>
・「にんじん・ごぼう・だいこん」のエプロンシアターを
　楽しむ。

時間	環境構成	予想される子どもの姿	実習生の援助と留意点
11:00	保育室・トイレ 出入口　トイレ ㊎ じゅうたん ・じゅうたんを敷き子どもが座るスペースを作る。 ㊎ ○○○○○○○○ ○○○○○○○ ○○○○○ じゅうたん ・実習生の近くにエプロンシアターを置く。	○実習生の言葉かけによって、片付けをする。 ・片付けをしない子どももいる。 ・実習生と一緒に片付けをする。 ・排泄をする子どももいる。 ・なかなか集まらない子どもがいる。 ○実習生の前に座る。 ・実習生と一緒になぞなぞ遊びをする。 ・野菜のなぞなぞを考える。 ・色々な野菜を思い出し答える。 ○エプロンシアター「にんじん・ごぼう・だいこん」を見る。 ・初めて見る子どもは布製の野菜を珍しそうに見る。 ・途中で立ち歩きエプロンシアターのパーツを取ろうとする子どもがいる。 ・話を理解し自分の知っている野菜の話をする子どもがいる。 ・終わると「楽しい」「もう一度見たい」等、子どもが思いを言葉で伝える。 ・次回を楽しみにしながら話を聞く。 ○給食の準備をする。 ・排泄、手洗いをする。 ・当番の子どもはエプロンをつけて保育者と一緒に配膳の準備をする。	・もうすぐ片付けの時間になることを伝え、実習生自ら、片付け始める。「片付けるときれいになって気持ちがいいね」などと言葉をかけ、片付けることの大切さを伝える。 ・トイレに行く際は必ず実習生（もしくは保育者）がついていることを確認する。 ・保育室に集まるように言葉をかけ、待っている子どもが楽しみになるよう、エプロンシアターの一部を見せながら全員が揃うことを待つ。実習生が座っている位置から子どもたち全体が見えるかを確認する。 ・なぞなぞ遊びを一緒に楽しみたいと伝え、子どもの様子を見ながら、実習生が野菜のなぞなぞを出す。正解した子どもには拍手をしながら気持ちを受け止める。 ・なぞなぞ遊びから楽しみにできるような雰囲気作りをする。 ・エプロンシアターを演じる際は適度に声の抑揚を付けながら、お話の世界が楽しめるように工夫する。 ・わかりやすい声で表現豊かに演じる。 ・エプロンシアターのパーツを取ろうと近づいて来る子どもには実習生の近くに座るように伝える。 ・子どもの反応を見ながら子どものペースに合わせて進めていく。 ・見えにくそうにしている子どもがいる際はエプロンシアターの動きをわかりやすく、体を向けるなどして見やすいように配慮する。 ・エプロンシアターが終わった後は子どもの反応を受け止め話の余韻を楽しむようにする。 ・時間に余裕がある場合、担任の保育者に許可を得て状況に合わせてもう一度行う。 ・子どもが満足したところでシアターを終える。 ・この後、給食であることを伝える。 ・給食の準備の話をする。 ・担任の保育者に引き継ぐ。
11:10			
11:30			

POINT① 次の活動につながる導入を考えよう。

POINT② 子どもの反応に合わせて臨機応変に対応しよう。

POINT③ 見おわった後の子どもの反応を大切にしよう。

POINT① ☞ **次の活動につながる導入を考えよう**

　活動をいきなり提示するのではなく、活動につながる流れのある導入を行うことが必要です。この実習指導案の場合エプロンシアターの内容が「にんじん・ごぼう・だいこん」と野菜が出てきます。そのためエプロンシアターがはじまる前に実習生は子どもたちと野菜の答えが出るようななぞなぞ遊びをしながら、次の活動へつながるようにしています。このような次の活動につながるような遊びを導入として行うことで、子どもの気持ちが実習生の提示するエプロンシアターに自然に流れていくように工夫しているといえます。導入の方法はいろいろあると思いますが、自分の発想次第でいろいろとアレンジができます。実習指導案を立案する際には、次の活動につながる楽しい導入も大切にしましょう。

POINT② ☞ **子どもの反応に合わせて臨機応変に対応しよう**

　実習指導案例にもあるように、子どもの反応に合わせてお話の世界が壊れないよう臨機応変に対応しましょう。そのためには、何よりも練習が大切です。話の流れに合った動きや出し入れのタイミングに慣れておきましょう。両面ファスナー（マジックテープ®）の接着がよくないと、話の途中で人形などが落下して話が中断してしまったり、子どもの集中が切れてしまうので、事前によく確認し、操作などには気をつけながら演じるようにしましょう。また、もし人形が落下してしまった場合でも、お話を止めることのないよう慌てずに臨機応変に対応しましょう。

POINT③ ☞ **見おわった後の子どもの反応を大切にしよう**

　絵本やお話を見たり聞いたりした後は、想像をふくらませたり、印象に残った場面やセリフを思い出したりしている子どもたちの姿をよく見かけます。保育者が「どこがおもしろかった？」「何をしたのかな？」などと過度に話の内容を振り返るようなことは避け、子どもたちがお話を通して感じたことを大切にしてください。そして子どもからの発言をたくさん受け止めてあげるようにしましょう。

---

column　学生時代にエプロンシアター®をつくっておこう

　完成した市販のエプロンシアターを使用するのも一つの方法ですが、手づくりのものをつくってみてはいかがでしょうか。卒業後、実際の保育現場に入ってからエプロンシアターを作成することは大変な労力と時間がかかるものです。学生時代に一つ作成しておくと卒業後も役立ちます。自分で作成したものであれば、貼りつける場所やポケットの大きさなども確認ができ、自分の体に合ったサイズにもなりますので、使いやすいでしょう。少し簡単につくれる手袋シアターもお勧めです。エプロンシアター、手袋シアター作成の参考となる書籍を下記に紹介しますので、ぜひ参考にしてつくってみましょう。

　中谷真弓『わくわくエプロンシアター』チャイルド本社、2013

　amico『おはなしいっぱい！　楽しい手袋シアター』新星出版社、2020

部分実習（幼稚園・5歳児）── 製作活動（紙コップけん玉）

日時	○○ 年 9 月 15 日 火 曜日	実習生氏名	○○○○

クラス名	さくら 組（5 歳児）	在籍 男児 13 名・女児 12 名 計 25 名

担任名	○○○○ 先生

＜現在の子どもの姿＞
・友達の遊びに関心を持ち、刺激を受けることが増え、自分もすぐに挑戦してみようとする。
・自分や友達を多面的に捉えることができるようになり、結果に対して「できた—できない」の評価から、できた中で「できなかったこと」を捉えるようになる。

＜ねらい＞
・紙コップを使った製作を楽しむ。
・けん玉で手先を巧みに使い遊ぶ。

＜内容＞
・「紙コップけん玉」の製作を楽しみ、作ったもので遊ぶ。

時間	環境構成	予想される子どもの姿	実習生の援助と留意点
10:15 10:30 11:00 11:20	**＜材料準備＞** ・紙コップ（白25個） ・毛糸（紙コップの2倍の長さ×25本） ・新聞紙 ・セロハンテープ ・色ペン ※それぞれ予備分も準備しておく。 ・材料を机の上に置く。 ㋲ ［材料］ □□ □ □□ □ テーブル ・テーブルを出す。 ・グループごとに座る（事前にグループは決めておく）。 ・保育者のそばの材料置き場にセロハンテープ、色ペンを置く。 ㋲ ［材料］ □□ □ □□ □ テーブル ［紙コップけん玉で遊ぶスペース］ 棚 ・空いているスペースで紙コップけん玉で遊ぶ。	○実習生の言葉かけにより、片付けをする。 ・自分が使用した玩具、遊具を片付ける。 ・遊びを続けている子どもがいる。 ・排泄をする。 ・戸外遊びの子どもは手洗い、うがいをする。 ・自分で椅子を用意し、グループごとに座る。 ○手遊び「さわりっこ」をする。 ・色々な体の部分を触りながら楽しむ。 ○製作「紙コップけん玉」を見て興味を持つ。 ・けん玉の作り方を聞く。 ・自分の席に座る。 ・紙コップ、毛糸、丸める紙を代表の子どもがグループの人数を数え取りに行く。 ・紙コップに色ペンで絵を描く。 ・描き終わった子どもから毛糸をセロハンテープで付ける。 ・丸めた紙ボールも付ける。 ・でき上がった子どもからスペースの広い場所へ移動し紙コップけん玉で遊ぶ。 ・紙玉が紙コップに入り喜ぶ子どもがいる。 ・紙玉が入らない子どもがいる。 ・はしゃいでふざけてしまう子どもがいる。 ○終了・片付け ・紙コップけん玉を置いてから席に戻る。 ・昼食が終わったらまた遊ぶ気持ちになっている子どもがいる。	・次の活動が始まることを伝え、片付けるよう言葉をかける。子どもたちの片付けの様子を見守りながら、遊びを続けている子どもには片付けるよう言葉をかける。 ・排泄、手洗い、うがいをすませた子どもから椅子を持ってグループごとにテーブルの周りに座るように言葉をかける（座るグループやグループの場所は前日から決めておく）。 ・実習生が立っている位置から子どもたち全体が見えるかを確認する。 ・子どもが全員集まるまで手遊びをしながら楽しい雰囲気を作る。 ・全員が集まったら製作の導入として背中側から紙コップけん玉を少しずつ見せる。 ・紙コップけん玉を実際に実習生が行い、楽しみにできるような雰囲気作りをする。 ・スモックを着ることを話し、自分の席に座るように言葉をかける。 ・作り方を説明する。説明の際には、事前に用意しておいた製作過程の作品を見せながら具体的にわかりやすく説明する。 ・代表の子どもに紙コップと毛糸、丸める紙の材料を取りにくるよう言葉をかけ渡す。 ・テーブルごとに色ペンを置く。 ・子ども同士で製作の手順の情報交換ができるように様子を見ながら子どもに言葉をかける。 ・セロハンテープを使い過ぎないように確認する。 ・子どもの様子を見ながら子どものペースに合わせて進めていく。 ・作り方がわからず戸惑う様子がある場合は、必要に応じて個別に作り方を伝えたり一緒に作る。 ・はしゃいでしまう子どもには興奮し過ぎていないか見守る（危険がないか確認する）。 ・うまく紙玉が入った子どもには実習生も共に喜び、うまく紙玉が入らない子どもには言葉をかけて気持ちを盛り立てる。 ・子どもの様子を見ながら終了の言葉をかける。 ・色ペンを戻す。スモックを脱いで元の場所に戻し、ゴミを拾うように伝える。 ・紙コップけん玉はまた後で遊べるよう棚に並べて置く（事前に担任の保育者に確認をする）。 ・担任の保育者に引き継ぐ。

POINT ① ☞
製作物の材料は必ず記載するようにしよう。

POINT ② ☞
つくり方を子どもに説明するときの配慮をしよう。

POINT ③ ☞
つくり方がわからない子どもなど、個人差への配慮をしよう。

POINT ④ ☞
製作するだけではなく、遊ぶ活動まで発展を予想しておこう。

POINT① ☞ 製作物の材料は必ず記載するようにしよう

　製作をする際には必ず材料を環境構成の欄に記載しましょう。数、色、大きさ、おく場所など、細かく記載しておくと実際に行うときに慌てず確認ができます。またすべての材料に余裕をもって予備を用意しましょう。子どもの製作活動には予想外のことも起こりますので、必ず準備してください。材料は基本的にはすべて実習生が用意します。子どもの個人の所持品を使用する際には実習先の指導担当者に確認をしましょう。テーブル上での製作が多くなると思いますが新聞紙を敷くなど、汚さないような配慮も忘れないようにしてください。

POINT② ☞ つくり方を子どもに説明するときの配慮をしよう

　つくり方は具体的に示しながら、子どもたちにわかりやすく伝えることが大切です。この実習指導案では「……事前に用意しておいた製作過程の作品を見せながら……」とつくり方を具体的に提示しながら子どもたちに説明しています。どのようにつくり方を説明するかをしっかりと考えておくことで事前の準備も異なってきます。

POINT③ ☞ つくり方がわからない子どもなど、個人差への配慮をしよう

　製作には必ず個人差があります。つくり方がわからないなど戸惑っている子どもがいることを予想し、必要に応じて個別につくり方の見本を見せたり、一緒につくるなどの援助を考えておく必要があります。この実習指導案例にはありませんが、早くでき上がった子どもには、製作がうまくいかない子どもを手伝うように言葉をかけてもよいでしょう。実習生や保育者が援助するよりも子ども同士で育ち合う場にもなります。

POINT④ ☞ 製作するだけではなく、遊ぶ活動まで発展を予想しておこう

　紙コップけん玉ができ上がったら片づけた後、広いスペースをつくり、けん玉遊びを楽しむ活動に発展することも予想し考えておきましょう。また、遊ぶ時間が限られていたら、担任の保育者の了解を得て、食事の後や午後の好きな遊びの時間に遊びの続きをするような言葉をかけてもよいでしょう。遊びながら紐の長さ、紙玉の大きさ、紐の位置など、自分たちで考え改善し、けん玉づくりを楽しむ活動に広がるかもしれません。

実践例　紙コップけん玉のつくり方

<用意するもの> 前ページの実習指導案参照。紙コップは白い紙タイプ、透明のプラスチックタイプどちらでもよい。
① 新聞紙を丸めて、セロハンテープを巻きつけボール状にする。
② 紙コップに模様や絵、名前などを書く。
③ 紙コップの底に毛糸（紙コップの長さの2倍）をセロハンテープでつける。
④ 毛糸の先端に①でつくった新聞紙の紙玉をセロハンテープでつけて完成！

日時	○○ 年 2 月 26 日 木 曜日		実習生氏名	○○○○
クラス名	ひよこ 組（ 1 歳児）	在籍 男児 6 名・女児 4 名　計 10 名		
担任名	○○○○ 先生　　○○○○ 先生			

POINT① 子どもの遊びや子ども同士のかかわりの様子を具体的に書こう。

＜現在の子どもの姿＞
・小麦粉粘土、シール貼り、パズル・紐通しなど、指先を使った遊びを集中して楽しむようになっている。
・友達に世話をしたがったり、関わろうとする姿が見られるが、思いが通じないと噛みつきや引っかきなどのトラブルが生じがちである。
・食事では好き嫌いがはっきりしてきて、特に野菜を食べたがらない子どもが多い。

＜ねらい＞
・身近な素材を使って表現する楽しさを味わう。
・一人一人のペースで取り組み、認められることでの満足感を経験する。

＜内容＞
・野菜スタンプを使って表現することを楽しむ。

時間	環境構成	予想される子どもの姿	実習生の援助と留意点
9：30	保育室 テラス 出入口 テーブル　玩具棚 玩具棚　ままごとテーブル 玩具棚 ドア	・朝のおやつの後の排泄をすませ、それぞれが好きな遊びを楽しんでいる。 ・実習生が準備をしている様子に気づき、近くに来る子どもがいる。 ・野菜に手を伸ばし、どの野菜を使おうか迷っている子どもがいる。 ・紙にスタンプして形が出てくることが楽しく、1枚の紙にたくさんスタンプする。	・おやつを下膳し、テーブルにシートを敷いたり、野菜やスタンプ台を出し、製作の準備をする。 ・近くに来た子どもに「お野菜のスタンプを作ってきたのだけど、やってみる？」と働きかける。 ・全員一斉に誘うと、十分な援助が難しいため、少人数で行えるようにする。 ・道具の取り合いで意欲を失わないよう、同じ種類の野菜を複数用意しておく。スタンプ台も多めに用意する。 ・紙がいっぱいになったら「もう一枚やってみる？」と新しい紙を渡す。紙の裏には子どもの名前を書いておく。
9：40	＜材料準備＞ ・適宜に切った野菜（れんこん・にんじん・ピーマン・さつまいも）各6つずつ ・スタンプ台（赤・青・緑）各2つずつ ・8つ切り画用紙30枚 ・テーブル用シート2枚 ・雑巾6枚	・スタンプが手に付くのを嫌がる子どもがいる。 ・他の遊びをしていた子どもが興味を持ってやってくる。 ・一通り遊び終え「おしまいにする」と言う子どもがいる。 ・使いたい野菜が重なり、取り合いになる子どもがいる。	・あらかじめ雑巾を用意しておき、汚れが気になったら拭くことができるようにしておく。 ・後から来た子どもの席や材料を用意する。他の子どもとスペースが重ならないよう配慮し、狭いようならば別のテーブルを用意する。 ・「きれいなのたくさんできたね」「楽しかったね」と子どもの満足感を引き出すような言葉かけをし、手洗いの援助をする。 ・取り合いなどが生じた際は、双方の使いたかった気持ちを受け止める。他の野菜の素敵なところを伝えたり、「一緒に待っていようか」と気持ちの支えとなれるような言葉かけをする。待っていてくれた時、代わってくれた時には「待っていて（代わって）くれてありがとう」を伝える。
9：50	＜野菜の切り方＞ ピーマン　れんこん にんじん　さつまいも ※ピーマンは縦と横で断面が異なるため2つの切り方で用意しておく。	・スタンプに興味を持たず、他の遊びに夢中になっている子どもがいる。 ・他の子どもがスタンプで遊び終えても、まだ夢中になって遊び続ける子どもがいる。	・テーブルが空いてきたところで「一緒にやってみる？」とスタンプの実物を見せながら誘うが、無理強いはしない。 ・夢中で取り組む気持ちを尊重する。片付けのできる部分を片付けながら様子を見守る。 ・できた作品を壁に飾り、子どもたちと眺めながら一つ一つの作品の良さを伝える。
10：00	ココも大事　配慮事項は図示するなど、ていねいに記すとわかりやすい。		・一通り活動が終了したら、担任の保育者に引き継ぐ。

ココも大事　材料は多めに準備しておこう。

POINT② トラブルへの対応についても考えておこう。

POINT③ でき上がった作品についても考えておこう。

POINT ① ☞ **子どもの遊びや子ども同士のかかわりの様子を具体的に書こう**

　1歳児は月齢の違いが大きな時期です。子どもにとって必要な環境構成や援助を考えるためには、より具体的な子どもの姿をとらえておくことが必要です。例にあげた野菜スタンプの活動では「野菜が苦手」という姿をとらえて、野菜に親しみをもってほしいという願いが込められています。そして、小麦粉粘土やシール貼りなどで指先の発達を様子を見て、子どもの姿にふさわしい活動として野菜スタンプを考えています。

　また、実習指導案を立案するまでに普段の保育で製作活動を行う際の活動スタイル（一斉か個別か、導入の仕方）、約束事や決まった環境設定はあるか、一人ひとりの子どもの集中度なども観察しておくとよいでしょう。

POINT ② ☞ **トラブルへの対応についても考えておこう**

　1歳児は自我が強くなる時期ですが、他者の意図を十分に理解することはまだむずかしいものです。となりの子どもと体がぶつかったり、使いたいものを友達が使っていただけでもトラブルにつながることがあります。そうしたぶつかり合いを経験することは必要なことでもありますが、無用なトラブルで活動への意欲が失われてしまうことは避けたいものです。環境設定を考える際には、一人ひとりが十分に自分の気持ちを発揮できるようなスペースの確保や材料を多めに用意するなどの準備が大切です。

　また、トラブルが起こった際の対応についても考えておきましょう。対応の際には、ただトラブルを制止するのではなく、子どもが経験してもらいたい心情は何であるかを意識しながらかかわりたいものです。解決することばかりを考え「ごめんね」をさせようなどと思いがちですが、1歳児の場合は子どもの気持ちを受け止め、共感することが必要です。受け止められた上で自分の気持ちを自分なりに表現しようとすることが大切になりますので、子どものそうした気持ちの支えとなれるよう、援助を考えておくとよいでしょう。

POINT ③ ☞ **でき上がった作品についても考えておこう**

　実習指導案を立案する際に、つい与えられた時間内のことだけを考えがちですが、子どもの生活はそこで終わるわけではなく連続しています。その後の活動とのつながり、見通しも考えて立案することが必要です。製作であれば、でき上がった作品を展示するのか持ち帰るのか、そこにも何らかの保育者のねらい・思いがかかわってきます。たとえば、展示することは子どもには大切に飾ってもらっているといううれしさを感じてほしいという願い、保育者と眺めて「楽しかったね」「またやってみたいね」と話すことで次への意欲を引き出してほしいという願いなどが込められるかもしれません。家庭に持ち帰ることで、保護者と一緒に遊ぶきっかけとなったり「素敵なものつくったのね」と保護者が子どもの成長の喜びを感じるきっかけとなるかもしれません。

　こうした部分は、保育の流れやクラスの方針等ともすり合わせをする必要がありますので、どのような方法が可能なのか必ず実習先の指導担当者に相談しておきましょう。

部分実習（児童館）
── 親子触れ合い遊び

日時	○○ 年 9 月 10 日 木 曜日	実習生氏名	○○○○

クラス名	（ うさぎ ）グループ	参加者 1〜2歳児の親子 20組

指導者名	○○○○ 先生　　○○○○ 先生　　○○○○ 先生

＜現在の親子の姿＞
・週1回のグループを楽しみにしている様子で、部屋に入ると、保護者から離れて好きな遊びを楽しむ姿が見られる。
・集団での活動は興味を持つ子どもと、あまり興味を示さない子どもといる。
・保護者同士の関係性もできてきており、会話を楽しむ姿が見られる。

＜ねらい＞
・わらべうた遊びを通して親子で触れ合う楽しさを経験する。
・親子同士が関わることで、共に遊ぶ楽しさを感じる。

＜内容＞
・「いっぽんばしこちょこちょ」「こりゃどこのじぞうさん」「うえからしたから」を楽しむ。

> **POINT ①** ☞
> さまざまな子どもの姿を予想し親子で楽しめる内容を考えよう。

時間	環境構成	予想される親子の姿	実習生の援助と留意点
10：00	集会室 親 実 子 （座席配置図） **＜準備物＞** ・ハンカチサイズのシフォン布（20枚）、大布3枚を用意しておく。 ・見本用の赤ちゃん人形。 ・体を動かす遊びもあるため、少しスペースを空けながら座ることができるようにする。	○「いっぽんばしこちょこちょ」 ・わらべうた遊びが始まることを伝えると少しずつカーペットのところに集まってくる。 ・恥ずかしがっていたり、歌の続きがわからなくなる保護者もいる。 ・くすぐるところで、笑顔を見せる子どもが多い。何回か繰り返すと、くすぐる前から期待して笑う子どももいる。	・簡単に挨拶をし、子どもが保護者の膝の上に向かい合って座るよう伝える。実習生は人形を使って実際に見本を見せ、子どもの目を見て歌いかけることを伝える。 ・始めはゆっくりワンフレーズずつ止めながら、解説を加え、進めていく。 ・全体を見渡しながら「上手ですね」「楽しそうですね」など保護者の遊び方を肯定的に認め、関わりに自信が持てるよう、配慮する。様子を見て2〜3回繰り返す。
10：10		○「こりゃどこのじぞうさん」 ・きょうだいで来館している親子は二人一緒にすることができず困っている。	・人形を使ってゆっくり歌いながら見本を見せる。 ・きょうだいで来館の親子には「〜ちゃん、一緒に遊ぼうか」と言葉をかけ一緒に歌う。 ・妊婦の母親がいたら、代わりに抱きかかえて歌うようにし、負担にならないよう配慮する。
10：15	・大布で遊ぶ時は、間隔をあけ、隣同士がぶつからないようにする。 ・床に物が落ちていないか等、安全面での確認をしておく。	○「うえからしたから」 ・布が顔にかかりそうになると、嬉しそうに布に手を伸ばす子どもが多い。 ・保護者から離れない子ども、布の下に入りたがらない子どももいる。 ・まだ歩行をしていない子どもは、保護者が抱っこして布の下に入る。 ・布が上下する面白さに歓声をあげる子どももいる。 ・始めは保護者の側から離れなかった子どもも、繰り返し歌ううちに布の下に入るようになる。	・シフォン布を配り、人形を使って歌いながら見本を見せる。 ・2回ほど歌ったら、大布を配る。同じくらいの人数になるよう、3グループに分かれる。 ・保護者が布を持って、子どもが布の下に来るように誘い、上下に動かしながら歌う。 ・入りたがらない子どもは、実習生が手をつないで布の下に入るが、無理強いはしない。「風が吹いてきたね」「面白いね」など、場の楽しさを感じ取れるような言葉かけにする。 ・「〜ちゃん、とても良い笑顔ですね」と子どもの感じている楽しさに共感し、共に楽しむ喜びを伝えるようにする。 ・全体の様子を見て、繰り返し歌う回数を増やす。
10：25		・もっと遊びたい様子の子どももいる。	・一段落ついたところで、布を持ってくれた保護者にお礼を伝え、大布を回収する。
10：30			・家庭でも楽しめることを伝え「今日も、かぜさんに負けないくらい元気に遊ぼうね」と会を閉じる。

> **POINT ②** ☞
> 妊娠中の保護者やきょうだいのいる保護者への配慮も大切にしよう。

> **POINT ③** ☞
> さまざまなかかわりが深まるような援助を考えよう。

POINT①☞ さまざまな子どもの姿を予想し親子で楽しめる内容を考えよう

　親子グループでの活動は、児童館によって活動形態がさまざまです。対象年齢が広い場合には、異なる年齢幅の子どもの姿を想定する必要があります。また、グループでの活動に慣れている子どもや抵抗のある子ども、保護者に甘えたい子どもなどさまざまな子どもの姿が予想されます。参加したものの子どもが何もできずに終わってしまうのでは保護者は残念に思いますし、自分の子どもが飽きてしまったり機嫌が悪くなってしまう姿をストレスに感じる場合もあるでしょう。保護者自身が「子どもと一緒に遊ぶのは楽しい」と思えるよう、親子が触れ合うことができるものや、共に何かをつくるといった内容を盛り込むとよいでしょう。

POINT②☞ 妊娠中の保護者やきょうだいのいる保護者への配慮も大切にしよう

　児童館には、妊娠中の母親やきょうだいで来館する場合などもあります。妊娠中の母親は、激しい動きは避けなければなりませんし、乳児の弟や妹のいる場合、乳児を抱えたまま活動をすることは大変なものです。そうした保護者の負担感をできるだけ減らし、子どもも保護者も共に充実した時間を過ごせるような配慮が必要です。実習生が活動を進めることが中心になりますので、さまざまな親子への配慮ができるよう、職員との連携について事前に担当職員に相談しておくとよいでしょう。

POINT③☞ さまざまなかかわりが深まるような援助を考えよう

　実習指導案を考える際には、つい「子どもが楽しいと思う経験をしてもらうために」と実習生→子どもの関係に目を向けがちですが、実習生→保護者へのかかわりを考えることも必要です。子どもと保護者、保護者同士、子ども同士のそれぞれの関係性や地域との関係性など、さまざまな関係性をつないでいくことが地域での子育て力の向上につながり、児童館の意義の一つであるといえます。たとえば子どもと保護者の関係性を深めるための配慮や援助とは何か、保護者同士のかかわりのきっかけとなるような活動は何か、イメージして実習指導案の中に盛り込んでいくとよいでしょう。

実践例　わらべうた遊び

いっぽんばしこちょこちょ
① ♪いっぽんばしこちょこちょ（親子向かい会ってうたう）
② ♪いっぽんばし　こちょこちょ（子どもの手のひらを人さし指で一すじなぞり、手のひらをくすぐる）
③ ♪たたいて　つねって（軽くてのひらを叩き、つねる）
④ ♪かいだん　のぼって（人さし指と中指で、手のひらから肩に向かってかけ上がる）
⑤ ♪こちょ　こちょ　こちょ　こちょ（わきの下をくすぐる）
（掲載書籍：ましませつこ・絵『あがりめさがりめ』こぐま社、1994）

こりゃどこのじぞうさん
♪こりゃ　どこの　じぞうさん　うみの　はたの　じぞうさん　うみに　つけて　どぼん
※ 子どもを横抱きにし、歌に合わせて左右に揺らす。最後の「どぼん」で床に降ろす。
（掲載書籍：コダーイ芸術教育研究所『わらべうたであそぼう―乳児のあそび、うた、ごろあわせ』明治図書、1985）

うえからしたから
♪うえから　したから　おおかぜこい　こい　こい　こい
※ 子どもの顔の前で布（ハンカチなどでもよい）を軽く風を送るように上下させてうたう。複数の親子で大布を使ってうたう際には、大布の四隅をもち子どもの頭の上を大布が上下するように動かす。
（掲載書籍：ましませつこ・絵『あんたがたどこさ』こぐま社、1996）

日時	○○ 年 10 月 30 日 木 曜日	実習生氏名	○○○○
クラス名	パンダグループ（混合クラス）	在籍 男児 8 名・女児 9 名 計 17 名	
指導者名	○○○○ 先生　○○○○ 先生　○○○○ 先生		

<現在の子どもの姿>	<ねらい>
・どの子どもも集会に楽しみを持って参加できるようになっている。 ・好きな遊びをしながら、友達と関わることを喜んでいる。 ・秋の自然物に触れて遊ぶことを喜び、それを使って色々な製作を楽しんでいる。	・集会に期待を持って参加し手品を見て楽しむ。
	<内容>
	・実習生の手品を楽しむ（①不思議な輪、②色がつく水、③浮き出るイラスト）。

POINT① ☞ 異なる年齢や障害の違いがあってもみんなが楽しめる活動を考えよう。

時間	環境構成	予想される子どもの姿	実習生の援助と留意点
10：00	集会室 ⊕ 巧技台 布をかける ゴザ 	・実習生の言葉かけによって、保育室に集まり、ゴザや椅子に座る。 ・実習生の手の動きを真似て手遊びをする。 ・慣れてくると、歌も一緒に歌いながら楽しむ。 ・実習生が準備をする舞台を興味を持って見ている。	・保育室を事前に整えてから、子どもに保育室に集まるように言葉をかけ、それぞれが安心して座れるようにしたり様子を見たりしながら「ここにどうぞ」など言葉をかける。 ・歌遊び「どんぐりころころ」をして、楽しみながらみんなが揃うことを待つ。 ・みんなが揃ったことを確認して、みんなで一度歌遊びをして楽しむ。 ・これから手品師がくることを伝える。「呼んでくるので待っていてください」と言って、棚の後ろに隠れて、すばやくハットと上着を着て用意をして、手品が始まる音楽をかける。
10：10	<準備物> 衣装・CD・CDデッキ・テーブル・黒い布・つい立て・マジックで使う物・雑巾 ※マジックの方法は別紙参照。 ①不思議な輪 新聞紙（細く切っておく）・はさみ・セロハンテープ ②色がつく水 ペットボトル（1.5～2リットル）・絵の具（1本に1色）水 ③浮き出るイラスト 画用紙（白いクレヨンで絵を描いておく）・絵の具（1～2色）・筆	・声を出して喜び、手品師と一緒に挨拶をしたり、聞いたりする。 ・実習生と一緒におまじないを真似てやってみる。 ・オーバーな動きを見て手品に興味を持って集中して見ている。 ・「これ知ってる」等、子どもが思っていることを話す。 ・手品が成功すると拍手をする。 ・「もっと見たい」「楽しかった」等と伝えてくる子どももいる。 ・「バイバイ」「さようなら」と挨拶をする。 ・拍手をする。	・手品師として登場し、子どもと目を合わせて挨拶をする。手品師らしい少しオーバーな動きをしながら、楽しい雰囲気でスタートする。 ・3つの手品をすることを伝え、おまじないをする時には、一緒に参加してほしいことを伝えて、一緒に「チチンプイプイのプイ！」とやってみる。 ・①～③の手品を順番に丁寧に説明しながら行う。 ・手品をしている時には、子どもが関心を持って見る姿や楽しい雰囲気を大切にしながら、丁寧に進めていく。 ・手品の途中で、子どもが話しかけてきたら「成功するか見ててね」など言葉を添えて、手品に気持ちを集中できるような言葉かけをする。 ・手品が成功した時には、みんなに成功した様子を笑顔でアピールして、拍手をもらう。 ・3つの手品をして、終わりであることを伝える。「今度お会いする時には、さらに驚くような手品をするので楽しみにしていてください」と言って、楽しみを持って終えることができるようにする。 ・「みなさん、さようなら」と挨拶をして、集会を終了する。 ・担任の保育者に引き継ぐ。

☜ ココも大事
指導案に書ききれない事柄については、わかりやすく別紙に記して準備しよう。

POINT② ☞ 参加して楽しめるような工夫をしよう。

POINT③ ☞ 子どもたちのイメージが広がるようにわかりやすく行おう。

指導案別紙

①不思議な輪

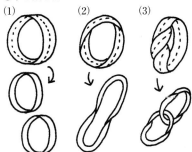

(1)   (2)   (3)

まったくねじらず輪を作り、点線の通り切ると輪2つになる（1）。1回ねじって輪を作り、点線の通り切ると、大きな輪が1つになる（2）。2回ねじって輪を作り、点線の通り切るとあら不思議、2つのつながった輪ができる（3）。

②色がつく水

ペットボトルのふたの内側に絵の具を付ける。ペットボトルに7分目くらいまで水を入れ、おまじないをした後に、ふたをしたペットボトルを振ると色水に変わる。

絵の具を塗っておく

③浮き出るイラスト

あらかじめ画用紙に白いクレヨンで絵を描いておく。「私が一生懸命描いた絵を見てください！」と言って、みんなに見せる（画用紙裏側）。「え⁉ ない⁉」と困った顔を見せる。「みんなでおまじないをして描いた絵をみんなの力で取り戻したいと思います」とおまじないをする。「チチンプイプイのプイ」、画用紙に耳を当て「ん？ "絵の具を塗ってみて"と画用紙が言っています」と言い、②の色水を使って筆でなぞると、絵が出てくる。

画用紙裏側

筆でなぞる

POINT ① ☞ **異なる年齢や障害の違いがあってもみんなが楽しめる活動を考えよう**

福祉型障害児入所施設のような実習先では、異なる年齢だけでなくさまざまな障害のある子どもたちが生活しています。このような場の部分実習では、どのような年齢や障害でも楽しめるような活動になるように考慮する必要があります。たとえば、視覚的にわかりやすい内容にしたり、衣装を身につけたり、音楽（BGM）を流して楽しい雰囲気づくりを大切にするなどがあげられるでしょう。

POINT ② ☞ **参加して楽しめるような工夫をしよう**

子どもたちは、自分が参加してこそ楽しい活動になります。たとえば、クイズに答える、ゲームに参加する、保育者が体を動かすことをまねる、保育者とジャンケンをするなど、参加の方法はいろいろあります。この部分実習では、子どもたちは手品師と一緒に手を動かしながら「チチンプイプイのプイ」とおまじないを唱えることを楽しめるようにしています。自分が実際におまじないをして手品に参加する楽しさや、おまじないをした後の変化の期待やその楽しみも感じられることでしょう。

POINT ③ ☞ **子どもたちのイメージが広がるようにわかりやすく行おう**

部分実習において、手品などいろいろな変化を楽しんでいく活動の場合には、子どもたちのイメージが広がるように、あるいはわかりやすいように進めていくことが大切です。そのためには、実習生が手品師になりきってすました表情をしながら手品をしたり、動作を大きくわかりやすくして、子どもたちの期待をふくらませていくように配慮するとよいでしょう。また、子どもたちが楽しむあまりに口々に話すようであれば、さり気なく人差し指を口に当てて、見てほしい場所を指さしするといった動きをするなど、雰囲気を壊さないで進めていく工夫をすることで、最後まで手品の楽しさを感じることができます。

発達と楽しめる遊び

　ここでは、実習指導案立案の参考となるよう子どもの発達と遊びなどについてまとめました。ここに紹介する遊び（活動）などはあくまでも一例ですので、子どもの発達を参考に実習指導案に取り入れたいさまざまな活動を季節なども考慮したくさん考えましょう。

0歳児クラスの発達	遊びと生活
0歳前半 ・首がすわり、寝返りをする、腹ばいになるなど、全身の動きが活発になる。 ・喃語、泣く、ほほえむなどで自分の欲求の表現をする。 ・応答的にかかわる特定の大人と情緒的な絆が形成される。 **こんな遊びが楽しい！** ➡ 皮膚感覚の心地よい刺激のある遊びや、動きがあったり音が出る玩具で遊ぶことを喜ぶ。	**絵本** 『くだもの』作 絵 平山和子 / 福音館書店 この時期は玩具の一つとして手にすることも多いので、丈夫で安全なつくりのものがよい。保育者が手にして一緒に絵を見たり、触れて遊ぶことで、絵本として楽しむことができる。食べ物など、子どもにとって身近な絵に興味をもって見る。 **運動遊び** スキンシップ遊び わらべうたやゆったりした音楽に合わせ、腕・脚の屈伸やうつ伏せ、左右に体をねじるなどの動きを楽しむ。子どもの発達や様子に合わせて、動きを選んでいくとよい。全身をマッサージのように触れることも喜ぶ。 **活動への導入** 子どもの機嫌がよいひとときに 子どもの機嫌がよいときに、一対一でゆったりと遊べる環境づくりをした上で行い、表情や体の発達を見ながら、心地よいと感じる動きを楽しむことを心がける。 
0歳後半 ・座る、這う、伝い歩きを経て、一人歩行を喜ぶようになる。 ・自分の意思や要求を喃語や身振りで伝えようとしたり、大人の言葉も少しずつわかり、言葉をまねたりする。 ・特定の大人との応答的なかかわりにより情緒的な絆が深まり、やりとりが盛んになる。 ・人見知りするようになる。 **こんな遊びが楽しい！** ➡ 動きが活発になり、自分の体位を変えたり、行きたい場所に移動することを喜ぶ。 ➡ 身近なものに興味を示し、口に入れて確かめたり探索活動が盛んになる。触れ合い遊びも喜ぶ。	**絵本** 『いないいないばぁ』作 松谷みよ子 / 絵 瀬川康雄 / 童心社 絵本の特性を存分に生かして「いないいないばぁ」遊びの魅力を伝える絵本の代表といえる。読み聞かせるときには、ページをめくると動物が「ばぁ」と顔を出すことを期待している子どもの様子を見てタイミングよくめくると、さらにおもしろさが広がる。 **手遊び** 「ちょちちょち」（①）※ 子どもと目を合わせて、やさしく語りかけるようにうたいながら、手の動きをわかりやすく見せていく。子どもの表情や体の動かし方をよく観察しながら、子どもに合わせて楽しめるようにしていきたい。 **運動遊び** 探索遊び お座り、這い這い、つかまり立ち、一人歩行と著しい発達と共に、身近な世界が広がり、探索遊びが盛んに行われる時期である。0歳後半から1歳にかけては、保育者は、子どもが主体的にじっくりと探索遊びを楽しめるように、安全への配慮やそばで静かに見守ることなどが大切である。 **活動への導入** 少人数で興味をもった子どもと楽しむ 活動という言葉にとらわれ過ぎず、好きな遊びを楽しんでいる保育室のあるコーナーで、少人数で見せて、興味をもった子どもが来て楽しみ、その様子で子どもたちが集まるといった柔軟な導入が望ましい。あるいは、生活の区切りで子どもが集まる場面といったところで行う場合も多い。

1歳児クラスの発達	遊びと生活
・一人歩行が活発になり、行動範囲も広がり、興味のある方向にどこまでも歩くことを楽しむ。 ・押す、投げる、つまむ等、手先や指先を使った動きが少しずつできるようになる。 ・大人に呼びかけたり「いや」など拒否を表す片言を使う。二語文を話しはじめる。 ・親しい大人に自分の意思などを伝えたい要求が高まり、自己主張がはじまる。 ・人とのやりとりやものの取り合いなどが頻繁になり、引っかきなどのトラブルが増える。	**絵本** 『きんぎょがにげた』作 五味太郎 / 福音館書店 きんぎょがさまざまな場所にかくれんぼしていて、読み聞かせする中で子どもたちが「ここ！」「いた！」と見つけて楽しむことができる絵本である。保育者が一緒に探しながら楽しむことで絵本のおもしろさはさらに広がる。 **手遊び** 「たまごのうた」（②）、「つくしんぼ」（③） 手先の発達を十分に考慮して、子どもが楽しめる手遊びを選んでいくとよい。この時期の子どもは、リズムが心地よく手の動きもまねしやすいものを選ぶとよい。子どものリクエストには十分に応え、繰り返し楽しむことが大切である。 **運動遊び** 巧技台や布団を使った遊び 一人歩行ができるため、戸外での散歩を楽しむこともよいが、保育室に巧技台や布団を使って、ちょっとした段差、山の上り下りを設定した遊びも魅力的である。設定の際には、転倒を想定してマットを敷いたり、保育者のつく位置にも十分配慮する必要がある。 

※表中で紹介している「手遊び」は p.103 に紹介する書籍内に掲載されています（数字が対応）。

こんな遊びが楽しい！

➡ 象徴機能が発達して、模倣したり見立て遊びを喜ぶ。

➡ 一人遊びややりもらい遊びをすることを喜ぶ。

➡ 手遊びや音楽遊び、なぐり描きを喜ぶ。

➡ 絵本を見たり、読んでもらうことを喜ぶ。

活動への導入　活動の準備や遊ぶ姿を見せよう

保育者が活動の準備をしている様子や、遊ぶ様子を実際に見せていくことで、子どもは活動への興味・関心をもって遊ぼうとする。そして、保育者が遊びのモデルとなって、まねて遊ぶことで楽しいと感じることを考えると、保育者自身が楽しいと感じながら遊ぶことが大切である。

2歳児クラスの発達

・両足跳びや手先を使った細かな遊びができるようになってくる。

・身体運動コントロールが上手になってくる。

・基本的な運動機能が整うことで、食事や衣服の着脱を自分でしようとしたり、排泄の自立のための機能も整ってくる。

・発声が明瞭になり、語彙が著しく増える。

・「何？」「なんで？」と何度も質問してくる。

・自分の思いと友達の思いとがぶつかり合い、けんかになることが増える。

・気の合う友達と一緒に過ごすことを喜んだり、同じことをしたがる。

こんな遊びが楽しい！

➡ 絵本や紙芝居などを通して、イメージの世界を楽しむようになる。

➡ 手先・指先を使った遊びをしたがる。

➡ 簡単なゲームをすることを喜ぶ。

➡ 手遊びや音楽遊びは、リズミカルなものを好み、模倣することを楽しむ。

遊びと生活

【絵本】『しろくまちゃんのホットケーキ』作 わかやまけん / こぐま社

しろくまちゃんがホットケーキをつくっておいしく食べて片づけるお話で、ホットケーキをつくる過程をていねいに描いている。毎日、保護者と生活する中で見ている身近な様子が映し出されており、子どもは卵を割ったり、ホットケーキをひっくり返す、お皿を洗うなどの動作を思わずしている姿が見られ、ままごと遊びにも広がる。

【絵本】『もこもこもこ』作 谷川俊太郎 / 絵 元永定正 / 文研出版

2歳児以前からも楽しめ自由にイメージを広げることができる楽しい絵本である。読み聞かせ方で子どもに広がるイメージの世界に違いが出るため、どのように読み聞かせたいか（声の大きさ・タイミング・ページのめくり方など）、読み込んでおくほうがよい。

【手遊び】「やさいのうた」（④）、「きつねがねばけたとさ」（⑤）

手や指の機能が発達して、ある程度自分がイメージするように動くようになるので、手遊びをより興味・関心をもって楽しく遊ぶことができるようになる。また、お気に入りの手遊びができたり、気の合う友達とも楽しむ姿も見られるようになる。

【製作遊び】スタンプ遊び

指の腹や手、野菜（切り口を使う）、スポンジなどさまざまな素材を使ってスタンプ遊びを楽しむことができる。季節などを考慮した形や色を選んだ土台に、スタンプ遊びをすると壁面装飾なども製作することができる。

【運動遊び】「むっくりくまさん」

鬼が動物の「くま」で、歌に合わせて動きも楽しみながら追いかけっこをする遊びである。ルールを重視するよりも、一緒に歌をうたったり動作をして、追いかけっこをすることを楽しんでいくとよい。くまのお面などをつくると鬼がわかりやすく遊びやすい。

活動への導入　子どもと一緒に準備をしよう

保育者の準備や遊ぶ様子を見せるだけでなく、「これもってきてくれる？」「何色の画用紙にしようか？」など、子どもとやりとりしながら、一緒に準備もしていくことで、子どもたちの興味・関心が出てきて、活動をしたい気持ちになる。「活動の準備から活動」という意識をもって導入していくとよい。

<table>
<tr><th>3歳児クラスの発達</th><th>遊びと生活</th></tr>
</table>

3歳児クラスの発達

・基本的な運動機能が伸びるため、食事、排泄、衣類の着脱などの生活面のことを自分でできるようになる。

・はさみで形を切り抜くことに挑戦し、左手で紙を動かし、右手ではさみを操作することができはじめる。

・人とかかわるあいさつの言葉を使うようになったり、自分の経験を言葉で伝えることができるようになる。

・「なぜ？」「どうして？」の質問を盛んにする。

・言葉によるコミュニケーションが可能になってくる。

・遊具を媒介にして友達とかかわり徐々に一緒に遊ぶようになり、共通したイメージをもった遊びを楽しむようになる。

・好きな友達との間で貸し借りや順番・交代ができる。

・遊びをリードする子どもを中心に仲間が集まり、遊びがふくらんでいく中で、子ども同士で言葉のやりとりを楽しむ姿が見られるようになってくる。

😊 こんな遊びが楽しい！

➡ 複雑な構成遊びを楽しむようになってくる。

➡ 友達と同じ体験をすることにより、共通の話題で遊びを楽しむようになる。

➡ 気の合った友達とごっこ遊びなどをする中で、役をもったり、共通のイメージをもって遊ぶことを喜ぶ。

➡ 簡単なストーリーがわかるようになり、絵本に登場する人物や動物と同化して考えたり想像をふくらませたりする。

遊びと生活

絵本 『せんたくかあちゃん』作 さとうわきこ / 福音館書店

洗濯の大好きな元気でたくましいお母さんが主人公で、ユーモアいっぱいのかみなりさまが登場しストーリーが展開される楽しいお話である。保育者も読み聞かせをしながら一緒になって楽しむことができ、洗濯ごっこにも展開できる。

絵本 『そらまめくんのベッド』作 なかやみわ / 福音館書店

「そらまめくんの宝物はふわふわのベッド。だから友達のえだまめくんやグリーンピースの兄弟にも絶対に貸したくありません。そのベッドがある日突然消えてしまって……」子どもがそらまめくんの気持ちになって、夢中になって読み聞かせを楽しむ絵本の一つである。

手遊び 「ピクニック」（⑥）、「トコトコトコちゃん」（⑦）

遠足などの子どもの参加行事や、今楽しんでいる遊びを把握して、手遊びを選んでいくとよい。そのような保育者の配慮によって、保育者や子ども同士で繰り返し楽しむことはもちろん、子どもが期待やイメージをふくらませて思わず、ふと口ずさんだり、手を動かしてみたりする姿が見られる。

製作遊び フィンガーペインティング

ボディペイント用の絵の具（単色あるいは数色）をトレーなどの上に流し入れ、子どもがテーブルを囲んで指や手のひらを使って絵の具を塗り、さまざまな模様をつくり出す。タイミングを見て、美しい色合いや形ができたときに、画用紙に転写する。絵の具の感触が気持ちよかったり、さまざまな模様をつくり出すおもしろさがある。転写した画用紙を模様のある紙として、さらなる製作遊びに使うこともでき魅力ある活動である。

運動遊び 忍者の修行

この時期は、忍者をイメージしていろいろなものに変身したり、体を動かす遊びが大好きである。片足立ちや壁にくっつくなど、いろいろな動きで遊ぶ。さらにフープや巧技台、トンネル、平均台、縄など普段遊んでいる遊具を使って、スペースの広さや子どもの人数を考慮して組み合わせて設定し、「忍者の修行」として遊ぶとおもしろい。

運動遊び しっぽ取り

2歳児クラス後半からでも楽しむことができるが、ある程度ルールを理解して遊ぶ姿があるのは、3歳児クラスである。しっぽを取られて悔しくて泣いたり、ルールを守れない姿は見られるが「みんなと遊ぶ楽しさ」を感じることが大切である。準備するものもしっぽだけで十分遊ぶことができるので、繰り返し楽しむことができる。

活動への導入 イメージをふくらませて楽しい活動へ

子どもがいかにイメージをふくらませて、「楽しそう！」と思えるようにすることが大切である。製作遊びならば、事前に準備物をそろえておいて、保育者が遊んでいるところを見せて「僕もつくりたい！」「どうやってつくるの？」と、興味をもった子どもからすぐにつくる活動にするとよい。運動遊びでも、忍者をイメージするような手裏剣などを保育者がつくり、なりきって動くことで、子どもが興味をもってつくるような導入をすると、子どもは忍者になりきって楽しむことができる。

4歳児クラスの発達	遊びと生活
・全身のバランスをとる能力が発達し、片足跳びやスキップなど、体の動きが巧みになる。 ・走りながらボールを蹴るなどさまざまな「〜しながら〜する」活動が可能になる。 ・描線を見ながら鉛筆を動かしたり、モデルを見ながら鉛筆を動かすことが可能になる。 ・日常の会話はほぼできるようになる。 ・乱暴な言葉や汚い言葉を使いたがり、周囲の人の反応を楽しむ。 ・その日の出来事や過去の出来事について接続詞を用いながら複文で話す。 ・言葉で自分の伝えたいことなどを友達に話す中で、自分の気持ちや行動を調整するようになる。 ・競争心が芽生え、けんかが多くなる。 ・感情が豊かになり、身近な人の気持ちを察して、少しずつ自分の気持ちを抑えたり、がまんするようになってくる。 ・同じ空間で複数の子どもたちがやりとりしながら、おおむね同じ遊びをして楽しむようになる。 😊**こんな遊びが楽しい！** ➡ 気に入った道具や場所を見つけて遊ぶ。 ➡ 集団での遊びの楽しさが感じられるようになり、長く続くようになる。 ➡ なぞなぞやしりとりに興味をもち遊ぶようになる。 ➡ 絵本や童話などを読み聞かせてもらい、遊びの中で表現することを楽しむ。	**絵本**　『**くれよんのくろくん**』作 なかやみわ / 童心社 新しい真っ白な画用紙に、新品のくれよんは大喜び。いろいろな色が花や空や木など色とりどりに描くことができるのに、黒くんの出番はなく邪魔者扱い。そして絵を描いていた色とりどりのくれよんたちが大げんか。そこで、シャープペンのお兄さんがやって来て黒くんに内緒話。いらない友達なんていない、みんながそろっていることが大切、そんな思いを感じさせてくれるお話である。鮮やかな絵も魅力的である。 **絵本**　『**むしたちのおんがくかい**』作 得田之久 / 絵 久住卓也 / 童心社 季節は夏から秋へ。きれいな声で鳴く虫たちが、町の中の公園で音楽会をはじめようとしたとき、ジャジャジャーンと大きな音が。静かな場所を求めて、虫たちはあちこち移動をはじめる。はたして虫たちの音楽会はできるのか。カブトムシ、コオロギ、スズムシなどたくさんの虫が登場し、それぞれの特徴がしっかり描かれていて、それぞれの動きを見ているだけで楽しくなる一冊である。 **手遊び**　「**やきいもグーチーパー**」（⑧）、「**わにの家族**」（⑨） じゃんけんの勝ち負けが理解できると、「やきいもグーチーパー」の最後にじゃんけんをしてじゃんけん大会にすることができる。また、「わにの家族」は、ユニークな動きのある手遊びを子どもはとても喜び、子どもの家族に合わせて増やしてみたり動きを考えるなど、柔軟な遊び方ができる。クラスの子どもたちと手遊びを展開させて、一緒に楽しんだり、相談して工夫できるところが魅力である。 **製作遊び**　**スクラッチ** 色どりのきれいなクレヨンで下地をすき間なく塗りつぶし、その上を黒色クレヨンでしっかりと塗りつぶす。その上から、楊枝など先のとがったものを使い、画用紙をひっかくと、下地の色どりのきれいな部分がきれいに映る。自分の好きな絵を描いてもよいし、模様を考えて描くのも楽しい。絵本『くれよんのくろくん』を導入としてもおもしろい。 **製作遊び**　**廃材製作** 空き箱、プリンカップ、トイレットペーパーの芯など、いろいろな素材の廃材を使って自分でイメージをもって自由に製作する。廃材を接着するためのセロハンテープやのり、装飾するためのテープ、色紙など、廃材以外にもさまざまな素材を用意して遊びを展開していく。廃材製作コーナーをつくり自由に製作する雰囲気が大切である。 **運動遊び**　**鬼ごっこ（増やし鬼、氷鬼など）** 鬼ごっこが楽しい時期である。ルールを守ってやろうとする気持ちが出てくる一方で、勝ちたい気持ちや走り疲れて休みたい気持ちなどからルールを守れない子どももいるが、全体的には遊びが成立しはじめてくる。保育者は一緒に遊びに参加して、子どもの気持ちを受け止めながら "みんながルールを守ること" で楽しくなることをていねいに伝えていくことが大切である。 **運動遊び**　**ドンジャンケン** 4歳児クラスになると、チームに分かれて競うことができるようになってくる。2チームに分かれて、自分の陣地からラインで示した道を歩いて相手の陣地に向かい、お互いに出会ったところで、両手を合わせて「ドン！」、そしてじゃんけんをする。勝ったチームはそのまま進み、負けたチームは次の人が自分の陣地からまたスタートし、相手の陣地に先に到着したチームが勝ちである。ルールが理解しやすく、勝負の勝ち負けがはっきりしているのでとてもわかりやすい。 **活動への導入**　**活動を提案する形でみんなで遊ぶ** 3歳児クラスに記した活動の導入方法も効果的であるが、保育者が「今日は〜してみたいと思います」と子どもたちに伝え、活動を提案して、クラス全員で行うといったことも可能となってくる。しかし、活動の内容や手順によっては少人数のほうがていねいに援助できるので、子どもの発達や様子を把握した上で選択する必要がある。

5歳児クラスの発達	遊びと生活

5歳児クラスの発達

- 大人が行う動きのほとんどができるようになる。
- 縄跳びやボール遊びなど体全体を協応させた複雑な運動をするようになる。
- 描画では、縦と横、斜めがわかり、三角形が描けるようになる。
- 言葉を使っての共通のイメージをもちながら遊んだり、目的に向かって集団で行動することが増える。
- 童話や詩などを聞いたりする中で、言葉のおもしろさや美しさに興味をもつようになる。
- 靴箱やロッカーなどに書かれた名前などをきっかけに文字がわかると便利だと体験的にわかる。
- 遊びに必要なものを自分で用意したり、自分なりにつくっていこうとしたりする。
- 気の合う友達との結びつきが強くなるが、思うようにかかわれない子どももいる。
- 自分の考えを言葉で表現するようになり、意見のぶつかり合いが増え、スムーズに遊びが進まないことがある。
- 異年齢児とのかかわりを深めて思いやりやいたわりの気持ちをもつようになる。

😊 こんな遊びが楽しい！

- ➡ 集団での運動的な遊びが盛んになり、その中でそれぞれに役割をもちながらルールのある遊び、勝敗のある遊びをすることを喜ぶ。
- ➡ 自分なりの目標をもって、縄跳びやコマまわしなどをする。
- ➡ グループに分かれて、子ども同士で話し合ったり、考え合ったりしながらつくり上げていく。

遊びと生活

絵本 『**ないたあかおに**』作 浜田廣介 / 絵 池田龍雄 / 偕成社

村人と仲良くしたい赤鬼と、その願いをかなえてやろうと自分が悪者になる青鬼。友情とは何かを感動的に描いたお話である。"友達を大切にする思い"など、5歳児クラスだからこそ伝えたい思いをこの絵本の読み聞かせを通して考える機会となる。

絵本 『**おこだでませんように**』作 くすのきしげのり / 絵 石井聖岳 / 小学館

怒られてばかりいる子どもの心の中を描いた絵本である。いつも誤解されて損ばかりの少年が、七夕さまの短冊に描いた願い事。子どもはもちろんのこと、毎日の子育てや仕事に追われて、いつも子どもをつい叱ってしまう親の心の奥にも届く、心が柔らかくなる絵本である。七夕が近い時期に読み聞かせをしてほしい一冊である。

手遊び 「**なっとうねばねば らーめんつるつる**」（⑩）、「**ポテトチップス**」（⑪）

身近な食べ物を題材に、リズミカルな歌と共に手を動かす楽しい手遊びである。最後のポーズも子どもたちで決めるなどすると楽しさが広がっていく。保育者がリズムに乗って楽しく手遊びする姿を見せていくことで盛り上がるので、恥ずかしがらずに動きを大きくして行うとよい。

製作遊び **染め紙遊び**

障子紙を蛇腹折りを基本にいろいろな折りたたみ方をしておく。そして、大きな容器にたっぷり水で溶いた水彩絵の具を用意して、その中に折りたたんだ障子紙の角や縁をつけて染める。染め終わったら、障子紙が破けないようにそっと広げて乾かす。染め上げた紙を使って、さらに製作遊びを楽しむこともできる。

製作遊び **お弁当のリクエスト**

もうすぐ遠足の子どもたちの楽しみの一つは、保護者がつくってくれるお弁当。そのお弁当に何を入れてほしいのかリクエストする絵を描くことで、子どもたちの楽しみはさらに広がっていくものである。画用紙に自分のお弁当箱の形を描いて、その中にリクエストしたいお弁当の中身を描いて保護者に渡す。一人ひとりにどんな言葉を伝えて渡すか聞いてみるのもよい。

運動遊び **ドッジボール**

チーム内で役割分担や協力することや、ルールを守って遊ぶことが遊びの楽しさにつながることが理解できるようになってくる。ボールを上から投げる動作も少しずつできるようになってくるので、ドッジボールは5歳児クラスの楽しい遊びの一つである。前段階としては、下手投げでのコロコロドッジボールや中当てなどの遊びがある。

運動遊び **どろけい**

警察と泥棒に分かれて、泥棒は警察の陣地にある宝物を奪い取り自分の陣地へ運び、警察は泥棒を捕まえて牢屋に入れる。泥棒が宝物を自分の陣地にもってくれば泥棒の勝利、警察が全員の泥棒を捕まえれば警察の勝利という遊びである。泥棒同士、警察同士が作戦を練って行うことに楽しみがある遊びなので繰り返し楽しむとよい。

活動への導入 **子どもの気づきを活動の導入に**

子どもは、4～5歳児くらいになると日常のささやかな変化にすぐに気づき、保育者に伝えてくる姿が見られる。その気づきを活用して、活動の導入にすることも可能である。たとえば、製作をしようとする製作物を、さり気なく壁面に飾っておく。あるいは、活動で使う道具などをおいておく。子どもは、すぐに気づいて「これつくりたい」「何して遊ぶの？」「何に使うの？」などと伝えてくる。このように子どもの気づきを活動の導入の一つとして活用するとよいだろう。子どもが色を選ぶ、素材を選ぶときには、子どもが棚からもってくる。実際に色を見て選んでくるという過程も大切にしたい。

> **手遊びの参考書籍**
>
> 保育でよく行われる手遊びの参考書籍を紹介します。多くの手遊びを覚えて実習に臨みましょう。なお、（　）の数字は本書 p.98 ～ 102 に紹介の手遊びに対応しています。
>
> - 細田淳子編『子どもに伝えたいわらべうた手合わせ遊び子守うた』すずき出版、2009、（①）
> - ちいさいなかま編集部編『何してあそぶ？　保育園で人気の手あそび・うたあそび』草土文化、1996、（②、⑤、⑨、⑪）
> - 細田淳子『自然をうたおう！』すずき出版、1997、（③、⑧）
> - NPO 法人東京都公立保育園研究会『子どもに人気のふれあいあそび』ひとなる書房、2005、（④）
> - 細田淳子編『あそびうた大全集 200』永岡書店、2014（⑥、⑦）
> - 松本峰雄編『保育における子ども文化』わかば社、2014、（⑩）
> - 阿部直美『わらべうたあそび 120』ナツメ社、2015
> - 植田光子『手あそび百科』ひかりのくに、2006
> - 百瀬ユカリ・田中君枝『保育園・幼稚園・学童保育まで使えるたのしい手あそび 50』創成社、2014

Let's try　部分実習の指導案を立案してみよう

部分実習指導案を立案し、友達と立案した指導案のよい点や工夫したほうがよい点を話し合いましょう。

- **STEP ①**　４歳児クラスの６月の昼食前の部分実習指導案を立案してみよう。
- **STEP ②**　STEP ①で立案した指導案を友達と見比べて、お互いの指導案のよい点や工夫したほうがよいと思われる点などを話し合ってみましょう。
- **STEP ③**　実習で配属されるクラス（決まっていない場合は担当してみたいクラス）の部分実習指導案を立案してみよう。実習先が決まっている場合は、実習時期の実習指導案を立案してみよう。
- **STEP ④**　STEP ③で立案した指導案を友達と見比べて、お互いの指導案のよい点や工夫したほうがよいと思われる点などを話し合ってみましょう。

column　指導案を立てる際には導入こそていねいに考えよう

　実習生は、部分実習や責任実習の実習指導案を立案するとき、活動の内容や手順、準備物などはていねいに考えますが、導入についてはしっかりと考えていないことが多いのではないでしょうか。子どもたちの興味や関心を大切にして活動をしようとしても、導入をていねいに考えなければ、子どもたちが “やってみたい” という思いにはなかなかつながっていきません。

　つまり、活動の導入をていねいに考えていくことは、部分実習や責任実習をよりよく行うための大きなポイントなのです。ここでは、保育者がよく実践している導入の具体的な例を紹介します。ぜひ、部分実習や責任実習の実習指導案を立てるときの参考にしてください。

①活動と関係する絵本の読み聞かせをする⇒「こんなふうにやってみたいね」とイメージできるようにする

②活動の準備を見せたり、一緒に準備をする⇒子どもが準備にかかわり期待をふくらませる

③保育室にそっと飾るなどして子どもの気づきを待つ⇒「これ何？」と子どもから聞いてくる

④活動に関係する写真をていねいに見せる⇒ささやかな発見を受け止めて活動につなげていく

⑤少人数を誘って実際に活動してみる⇒「ボクもやりたい」という言葉を待ち、輪を広げていく

⑥活動に関係する歌をうたって楽しむ⇒「実際にみんなでやってみようか？」と働きかける

責任実習指導案の実際とポイント

実習の集大成である責任実習

　責任実習（**全日実習・一日実習**などとも呼ぶ）は、一日ないしは半日など部分実習よりも長い時間の保育を実習生が実習指導案を立てて実践する実習のことで、実習期間の最後のほうに日程が設定され行われています。実習前半は、子どもの理解を深めたり保育者の仕事の様子を学びます。実習後半にはこれらの学びに基づいて部分実習を経験し、最後にこの責任実習が行われます。このようにみると、**責任実習は実習生として毎日積み上げてきた学びや体験を一つにまとめた実習の集大成**ということがわかります。

任される責任実習の時間帯を確認しよう

　責任実習といっても、実習先によって子どもの生活の様子は異なりますので、当然のことながら任される時間帯はさまざまです。一般的には、幼稚園の実習は全日（子どもの登園から降園まで）、保育所の実習は全日もしくは半日（普通保育の登園時間から午睡に入るまで）が多いようです。施設は実習先によってさまざまですが、主な活動部分を担当することが多いようです。したがって、自分が行う責任実習の時間はどこからどこまでなのか、ということを具体的に理解することが大切です。事前に、実習先の指導担当者にしっかりと確認しておきましょう。

さまざまな指導案の立て方を学ぼう

　責任実習の実習指導案には、活動内容や方法によりさまざまな形式があります。次ページ以降に具体的に紹介していきますが、次のものがあげられます。実習先の考え方もありますので、実習先の指導担当者にどのような形式で立案すべきか、相談や確認をしてから立案しましょう。
　①**活動提案型（一斉活動）**：実習生の側から子どもたちに活動を提案し、一斉で活動を進める。
　②**活動提案型（コーナー保育）**：子どもが自由に遊べる環境と共に実習生が提案する活動にも自由に参加できるようなコーナーを用意し活動を進めていく。
　③**遊び発展型**：豊かな環境の中で、子ども一人ひとりが思い思いに取り組む自発的な遊びを発展させていく。

責任実習（保育所・5歳児）
── 活動提案型（一斉活動）

日時	○○ 年 3 月 5 日 月 曜日	実習生氏名	○○○○
クラス名	ひまわり組（ 5 歳児）　在籍　男児 10 名・女児 12 名　　計 22 名		
担任名	○○○○ 先生		

<現在の子どもの姿>
・就学への期待が膨らむ一方で、園生活を終えることや新しい生活が始まることへの不安も抱えている。
・友達と遊ぶことをとても喜び、どろけいや氷鬼・タイヤ遊びなどを、友達同士で誘い合って楽しんでいる。
・幼い子どもたちに優しく関わり、世話をすることを積極的に行っている。

<ねらい>
・就学への期待を膨らませながら、友達と協力をして製作をすることを楽しむ。
・桜の壁面装飾の製作を通して、春の訪れを感じる。

<内容>
・季節の壁面装飾「桜」を製作することを楽しむ。

時間	環境構成	予想される子どもの姿	実習生の援助と留意点
8：30	・壁面装飾する大きな用紙を壁に貼り付ける。 ・保育室が整っていることを確認する。 <保育室>  棚　棚　ブロック棚　ロッカー　ままごと　流し　タオルかけ　テーブル	○順次登園 ・朝保育で使った玩具を片付け、朝の支度をする。 ・支度を終えた子どもから、クラス帽子をかぶって園庭に出る。 ・友達と誘い合いながら、好きな遊び（どろけい・氷鬼・タイヤ遊びなど）を楽しむ。 ・園庭に出ても遊びが見つからずにいる子どももいる。 ・出席当番の子どもは、出欠簿、給食表、午睡表を実習生からもらい、当番の仕事を行う。	・当番保育の引継ぎを行う。 ・登園してきた子どもの顔を見て挨拶をし、健康状態を観察する。 ・子どもに玩具の片付けや朝の支度を終えてから、園庭に出て遊ぶことを伝える。 ・麦茶のやかんを調理室から持ってきて保育室に置く。 ・子どもの遊びの様子を見ながら、一緒に遊びを楽しんでいく。 ・遊びが見つからない子どもや普段と様子が異なる子どもには、さり気なく言葉をかけ体調の確認や必要な時には適切な配慮をする。 ・**出欠確認・出欠簿記入をして、出席当番の子どもに伝え、出欠簿・給食表・午睡表を渡して当番の仕事をお願いする。**
10：00	・ブロック棚の上に用紙を貼る。 <壁面装飾する用紙> ・幹、枝をあらかじめ絵の具で描いておく。	○片付け ・実習生の言葉かけで、玩具の片付けをする。 ・自分が使っていない玩具も片付けている子どももいる。 ・早く行きたくて、片付けが雑になる子どももいる。 ○排泄、手洗い、うがい ・排泄、手洗い、うがいをして席につく。 ・排泄をしない子どももいる。 ・手洗い、うがいが雑になったり、ハンカチを忘れて手を拭かない子どももいる。 ・友達とはしゃいでいて、席に座るまで時間のかかる子どももいる。	・玩具を片付けてから、排泄・手洗い・うがいをして、席につくように伝える。 ・進んで片付けている子どもには「ありがとう」「さすがだね」など言葉をかける。 ・雑になっている子どもには「この片付け方は、次に使いたい人が使えるかな？」「きちんと片付けようね」と言葉をかける。 ・**排泄は活動の途中で行うことのないように自分で考えて排泄するように伝えているため、子どもに任せていく。** ・手洗い、うがいの様子を見ながら、きちんと行う子どもの姿を「しっかりできてるね」など言葉で認めていく。 ・ハンカチを忘れた子どもには「忘れると困るよね、明日は持ってきてね」などと伝えて、個別に対応していく（紐付きタオルやペーパータオル等）。
10：10		○朝の会 ・出席当番が前に出て挨拶をして、出席人数、欠席の子どもを伝える。 ・出席当番と一緒に挨拶をして、出席人数、欠席の子どもの報告を聞く。	・全員揃ったことを確認してから、出席当番の子どもに前に出るように言葉をかける。 ・出席当番の子どもと一緒に挨拶をして、出席人数、欠席の子どもの報告を聞く。子どもたちの見本となるように姿勢を正して、元気に明るく挨拶を行う。

POINT☞　予定している活動を見通して朝の登園前の環境構成をていねいに記そう。

POINT☞　子どもと一緒に生活している気持ちをもって言葉かけをしよう。

POINT☞　言葉はかけていくが、自分で判断して行動することを大切にしていこう。

POINT ☞ 子どもが理解しやすい方法を取り入れていこう。

時間	環境構成	予想される子どもの姿	実習生の援助と留意点
		・実習生から今日の活動内容を聞く。 ・おしゃべりなどをし最後まで聞いていない子どももいる。	・今日一日の活動をホワイトボードに順序立ててわかりやすく書きながら説明をする。 ・「大丈夫かな？　みんなわかったかな？」と言葉をかけ、目を合わせるなどして確認していく。
10：20	＜用意する物＞ ・見本用の大きな折り紙 ・色々な濃さのピンクの折り紙（束で用意する） ・はさみ（個人持ち） ・のり（個人持ち）	○壁面装飾の製作 ・実習生の「季節」の質問に「春」等と大きな声で答える。 ・実習生の「春と言えば？」の質問に手をあげて答えようとする。 ・答えたくて、実習生に「どうぞ」と言われなくてもつい言い出す子どももいる。	・「今3月だね。では季節は？」と質問する。子どもの反応や答える姿にうなずきながら「そうだね。春だね」と言う。「では、春といえば何かな？」とさらに質問をして、「わかった人は手をあげましょう。私が『どうぞ』と言葉をかけたお友達は、答えましょう」と伝え、子どもの反応や答えを聞く。子どもの回答をホワイトボードに平仮名で書き並べていく。 ・桜を含む答えが複数出てきたら、「春を感じられることや物ってたくさんあるんだね」と、どの答えも肯定して認めていく。
	＜桜の作り方＞ ① ② ③ ④ ・①②③のように折り目を付け、④のように折る際の目印を付ける。 ⑤　⑥ ⑦　・付けた目印を参考に⑤⑥のように折りたたむと⑦の形になる。 ⑧　・⑦を裏返して点線で折る（⑧）。 ⑨　⑩　　のり ・⑨の形ができたら、⑩の実線部分を切り取るとでき上がり。のりを付けて壁面に貼る。	・壁面装飾用紙の質問に手をあげて「桜」「木」などの答えを次々と言う。 ・「花がない」「みんなで作ればいいと思う」「みんなで作ればすぐにできるよ」と思い思いに自分の気持ちを言葉にする。 ・「やりたい」「みんなでやろう」など言葉で伝えてくる。 ・折り紙を受け取り、道具箱からはさみとのりを持ってくる。 ・実習生の見本を見ながら真似てやってみようとする。	・壁面装飾用紙を指さして見せて「では、これは何でしょう？」とさらに質問をする。手をあげる子どもに「どうぞ」と言葉をかけて、子どもが答える中で、「桜の木」「桜の枝」「桜」などの答えが出たら「あたり！」「良くわかったね」などと言う。 ・「みんなの卒園式に桜がいっぱい咲くようにって思いを込めてこれを作ったけど、まだ足りない物があるの……」とちょっと困ったように話す。 ・子どもの反応を確認して「それじゃ、みんなで協力して桜の花作ってみようか。たくさん咲かせてみようか」と、楽しみが膨らみワクワクするような表情で働きかける。ここで、壁面装飾用紙は、子どもが貼りやすい位置に移動しておく。 ・「では、まず桜を一緒に作ってみようか」と言葉をかけた後、折り紙を配る（色々な濃さのピンクの折り紙を1人3枚以上いくように置く）。 ・子どもたちには、道具箱からはさみとのりを持ってくるように伝える。 ・実習生は、大きな見本の折り紙を見せて、折り方を説明していく。花を3つ作ったら、桜の白い裏側にのりを付けて、壁面に桜を貼るように伝える。
		・できない子どもに「こうだよ」とわかっている子どもが伝えて自分でやろうとする。 ・実習生と一緒に折ってみてできたことを喜んでいる。 ・「3つできた」と喜びながら桜にのりを付けて貼りにくる。 ・「もっと作って貼りたい」と伝えてくる。	・様子を見ながら「同じグループのお友達同士でできているか見ながら、できないお友達には教えてあげてね」と言葉をかけ、友達同士で助け合う機会を作っていく。 ・最後までできない子どもがいる場合には「一緒にやるから大丈夫だよ」と言葉をかけて、個別に丁寧に教える。 ・もっと作りたい子どもは、あらかじめ多めに折り紙を用意して作ることができるようにする。

POINT ☞ 子どもとのやりとりをていねいにしてイメージを広げよう。

POINT ☞ 折り方の手順をわかりやすく記そう。

POINT ☞ 子どもたちが色を選択できるようにしよう。

POINT ☞ 子ども同士で協力して取り組もうとする姿を認めていこう。

POINT ☞ 取り組んでみて楽しかった気持ちを受け止めた対応をあらかじめ考えておこう。

時間	環境構成	予想される子どもの姿	実習生の援助と留意点
	POINT ☞ 活動を終えた子どもへの対応を事前に考えて知らせることができるようにしておこう。	・ある程度作って満足した子どもが増えてくる。 ・「きれいに咲いた」「いっぱい咲いた」「面白かった」等思い思いに感想を言う。 ・「こっちにもっと花をつけた方がいい」等全体のバランスを見て言う子どももいる。 ・「もっと作って貼りたい」と続けたい子どももいる。 ・はさみとのりを道具箱に片付けて、手洗いをして、帽子をかぶって園庭に出て好きな遊びをする（どろけい・タイヤ遊び、なわとびなど）。 ・製作をしたい子どもは実習生の言葉かけで、テーブルを移動して製作を続けて楽しむ。 ・どの子どもも満足して製作を終えて、実習生と一緒に片付けをする。	・ある程度桜の花がつき、多くの子どもたちが満足している様子を見て「さあ、桜の木にどんどん花が咲いてきれいになったね。協力して作ってみてどうでしたか？」と子どもに聞いて、感想にうなずくなどして肯定的に受け止めていく。 ・「みんなで協力すると、こんなに素敵な物ができ上がるんだね。素晴らしいね」と、協力して作る楽しさを具体的に言葉にして、全体の活動としては終えることを伝える。 ・子ども一人一人の気持ちを受け止めて、終わりにする子どもは、はさみとのりを道具箱にしまって、手洗いをして帽子をかぶって庭で遊ぶように伝え、さらにもっと作りたい子どもは続けて作ってよいことを伝える。 ・製作のスペースを子どもの人数に合わせて、子どもに場所の移動をお願いして、テーブル数を減らしていき、片付けも徐々に行うようにする。 ・「みんな終わったから、一緒に片付け手伝ってくれる？」と言葉をかけて、最後は子どもと一緒に片付け「ありがとう」「助かったわ」と感謝の気持ちを伝えていく。
11：35		○片付け ・遊んだ玩具を片付けて保育室に入る。 ・なかなか区切りがつかずに遊んでいる子どももいる。 ○排泄、手洗い等 ・排泄、手洗い、ガラガラうがいを行う。	・「ご飯になるから、片付けて保育室に入りましょう」と伝える。 ・「みんな待ってるから、片付けてから来てね」と伝えていき、子ども自身が区切りをつけて片付けすることを待つ。 ・排泄、手洗い、ガラガラうがいをして、昼食準備をするように言葉をかける。
	＜保育室＞ テーブル配置 （棚　ワゴン　棚／ブロック棚　テーブル　テーブル　ロッカー／ままごと　流し）	○給食準備 ・当番は白衣を着て配膳を行う。 ・自分のコップに麦茶を入れて席について配膳が終わるのを静かに待つ。	・配膳当番のグループの子どもに言葉をかける。 ・手洗いをして配膳当番と一緒に配膳をする。 ・配膳をしながら、席に着いた子どものコップに麦茶を入れているか確認する。忘れている子どもには、伝えていく。 ・アレルギー児の食事の確認を担任保育者と共に行う。
11：45	**POINT ☞** みんなで一緒に食べる楽しさを味わえることを大切にしよう。 **POINT ☞** 個別の対応は、子どもとていねいにやりとりをしながら行おう。	○給食 ・当番が前に出て、メニューの発表と挨拶を行う。 ・当番の発表するメニューを聞き、一緒に挨拶をする。 ・友達や実習生と会話をしながら一緒に食事をする。 ・減らしたい子どもは、はじめに自分で減らしてから食べる。 ・おかわりする子どももいる。 ・食べ終わった子どもは挨拶をして、食器を片付ける。	・当番に前に出て、メニューの発表と挨拶をするように言葉をかける。 ・実習生も席につき、子どもと一緒に「いただきます」の挨拶をする。 ・楽しく食事ができるように、会話をしながら食べる。 ・自分で決めた量をしっかり食べている姿を認めていく。 ・ある程度食べ終わった様子を見て、「ごちそうさま」の挨拶をする。

時間	環境構成	予想される子どもの姿	実習生の援助と留意点
		・ブクブクうがいをする。	・片付けている子どもに、ブクブクうがいをするように伝える。 ・食事が終わったテーブルや床をきれいにする。
12：30		○着替え・排泄 ・着替えをする。 ・着替えが終わったら、保育室で静かに遊ぶ（ブロック・絵本・あやとり等）。 ・実習生の言葉かけで片付けて席につく。 ○休憩 ・昔話「花咲かじいさん」を聞く。 ・15分テーブルにうつ伏せ、目を閉じて休憩する。	・着替えと排泄をするように言葉をかける。 ・食後なので、声の大きさに気をつけたり、静かに遊ぶように様子を見ながら必要に応じて言葉をかけていく。 ・童話の読み聞かせをするので、片付けて席につくように言葉をかける。 ・静かな雰囲気作りを大切にして、お話の世界を楽しめるように読み聞かせをする。 ・心を静めて、心と体の休憩時間であることを話して、電気を消して休憩するように伝える。
13：40	＜保育室＞ 好きな遊び 机上で遊ぶ玩具など	○保育室で好きな遊び ・好きな遊びを楽しむ（ブロック、将棋、オセロ、積み木、お絵描き等）。 ・点つなぎに興味を持ってやってみる。 ・実習生の話を聞いて「わかった」「大丈夫」と返事をする。	・小さなクラスの子どもたちは午睡の時間なので、静かな声で遊ぶように伝える。 ・点つなぎの遊びを用意したことを伝え、遊びたい子どもは自分で用紙を取って遊べることを伝える。また、点つなぎが終わったら、塗り絵として楽しめること、塗り終わった子どもは、次の用紙がもらえることを説明する。 ・自分たちで時計を意識して14：55になったら、片付けをして、15時になったら、ホールの布団上げ、ゴザ畳み当番、おやつの配膳当番の子どもは当番の仕事をして、その他の子どもはおやつの準備をするように事前に話しておく。
14：55		○片付け ・時計を意識して「時間だよ」と友達に知らせて片付ける。 ・友達に知らせる言葉を聞いて片付けに気づいて行う子どももいる。	・子どもが時間を意識して生活しているか、様子を見て待つ。 ・子どもたちが時間を意識して生活する姿を認めていき、「さすがだね」「かっこいいね」など言葉にして、一緒に片付けを行う。
15：00	＜保育室＞ おやつ ワゴン	○当番活動・おやつ準備 ・当番の子どもはグループ同士で言葉をかけ合って行う。 ・当番ではない子どもは、手洗いをして自分のコップに麦茶を入れて席につく。 ・布団上げなど当番を終えた子どもが保育室に戻り、おやつの準備をする。	・当番活動をしている姿を認めて「しっかりできているね」など言葉にしていく。 ・手洗いをして当番と一緒におやつの配膳を行う。 ・配膳をしながら、席に着いた子どものコップに麦茶を入れているか確認する。忘れている子どもには、伝えていく。 ・当番活動をしっかりやり遂げたことを認めていき「ごくろうさま」「ありがとう」等言葉をかけていく。
15：20	流し	○おやつ ・当番が前に出て、メニューの発表と挨拶を行う。 ・当番の発表するメニューを聞き、一緒に挨拶をする。	・当番を終えて、全員が席に着いたこと、配膳ができたことを確認する。 ・アレルギー児のおやつの確認を行う。 ・当番に前に出て、メニューの発表と挨拶をするように言葉をかける。 ・実習生も席につき、子どもと一緒に挨拶をする。

POINT ☞
他のクラスの子どもは午睡中なので、子どが興味をもって静かに遊べるものをあらかじめ用意しよう。

POINT ☞
時間への意識をもてるように言葉かけをしていこう。

POINT ☞
休憩をする雰囲気づくりをしよう。

POINT ☞
子どもが意欲的に行動している姿を言葉にして認めていこう。

時間	環境構成	予想される子どもの姿	実習生の援助と留意点
		・友達や実習生と会話をしながら一緒におやつを食べる。 ・減らしたい子どもは、はじめに自分で減らしてから食べる。 ・おかわりする子どももいる。 ・食べ終わった子どもは挨拶をして、食器を片付ける。 ・ブクブクうがいをする。	・楽しくおやつの時間を過ごせるように、会話をしながら食べる。 ・自分で決めた量をしっかり食べている姿を認めていく。 ・ある程度食べ終わった様子を見て、「ごちそうさま」の挨拶をする。 ・片付けている子どもに、ブクブクうがいをするように伝える。 ・おやつが終わったテーブルや床をきれいにする。
15：40		○降園準備 ・帰りの支度をする。 ・支度を終えると出入口に並ぶ。 ・友達が気になり、なかなか支度が終わらない子どももいる。	・帰りの支度をする様子を見ながら、忘れていないか言葉をかけ、自分で気づけるようにしていく。 ・終わった子どもは、ホールで遊ぶので並ぶように伝える。同時に、ホールで遊ぶ設定ができているか確認をする。 ・ある程度揃ったら、「先にホールに行ってるから、支度終わったら来てね」と伝えて、並んでいる子どもをホールに案内する。
16：00 17：00	**＜ホール＞** ピアノ／ブロック（ござ）／プラレール／棚／絵本／ままごと／折り紙／お絵描き／棚	○ホールで好きな遊び ・自分で遊びたいコーナーで遊ぶ（ままごと、ブロック、プラレール、折り紙、お絵かき等）。 ○順次降園 ・お迎えが来た子どもは保育者に挨拶をする。 ○引き継ぎ ・実習生に「さようなら」と挨拶をして、夕方保育当番の保育者を確認する。 ・好きな遊びを継続して楽しむ。	・幼児クラスが一緒に遊ぶので、ホールでの約束を守って楽しく遊ぶように伝えてから、遊び始めるようにする。 ・子どもの様子を見ながら、子どもと一緒に遊ぶことを楽しむ。 ・降園する保護者と子どもに元気に挨拶をする。 ・夕方保育になることを伝えて、子どもに「さようなら」の挨拶をする。 ・夕方保育の当番の保育者に「お願いします」と言葉をかけてから、ホールを離れる。 （実習終了）

POINT☞ おたより等があるかはあらかじめ確認しよう。

POINT☞ 子どもたちが遊びを見つけて遊びはじめている姿をきちんと確認しよう。

POINT☞ 異年齢が合同で遊びやすい環境設定を考えていこう。

---

column 　手遊びを遊びとして十分に楽しめるように

　手遊びは、道具などの準備を必要とせず、実習生が事前にしっかり覚えておき、少しの時間があれば十分に楽しむことができる遊びです。子どもも、自分の手や指を保育者の動きをまねながら動かして楽しめるので、大好きな遊びの一つとなっています。しかし、その手軽さから、手遊びを「遊び」ととらえずに、場つなぎとして取り入れたり、子どもを静かにさせるなどの手段にしてしまう場合があり、とても残念に思います。

　実習生は、手遊びが、魅力的な遊びであることを意識して、子ども全員が楽しめるようにしたり、子どもに見せたりまねてもらえるような援助を具体的に考えていき、一緒に遊び楽しめるようにしていきましょう。

日時	○○ 年 5 月 21 日 木 曜日		実習生氏名	○○○○
クラス名	すみれ 組（ 4 歳児）	在籍 男児 12 名・女児 12 名		計 24 名
担任名	○○○○ 先生			

<現在の子どもの姿>
・活動的になり、全身を使いながら、様々な遊具や遊びに挑戦して遊ぶなど、運動量が増す。
・簡単なルールのある遊びをする子どもがいる。
・行動範囲が広がり、遊びへの取り組みも意欲的になり、自分なりの目的を持つようになる。

<ねらい>
・十分に体を動かして遊ぶ。
・友達と協力しながらルールのある遊びを楽しむ。

<内容>
・「へびじゃんけん」遊びを楽しむ。

POINT☞ 現在の子どもの姿を踏まえた活動を考えて設定しよう。

時間	環境構成	予想される子どもの姿	実習生の援助と留意点
9:00	<好きな遊び> ピアノ 折り紙 製作 ロッカー	○順次登園する（前半バス登園、徒歩登園等）。 ・身支度をする（出席ノート）。 ・すぐに遊ぶ子どもがいる。 ・好きな遊びをする（昨日からの遊びの続き、製作、ままごと、積み木、折り紙、草花遊び、虫探し他）。	・前半バス登園、徒歩登園の子どもを笑顔で迎え、朝の健康状態を観察する。 ・身支度をしていない子どもには自分から身支度ができるような言葉をかける。 ・好きな遊びができるように昨日の子どもの遊びの流れに沿って環境を整える。 ・子どもたちが家庭から持参した空き箱やバッグなどを所定の位置に片付ける。
9:50	積み木 ままごと <保育室> ・じゅうたんを敷き子どもが座るスペースを作る。 ピアノ ㋫ ○○○○○○ ○○○○○○○ ○○○○○ じゅうたん	○後半バス登園 ○実習生の言葉かけによって、片付けをする。 ・実習生と一緒に片付けをする。遊びを続けている子どもがいる。 ・排泄、手洗い、うがいをする。 ○朝の集まり ・実習生の前に座る。	・後半バス登園の子どもたちを笑顔で迎え、朝の健康状態を観察する。 ・片付けの時間の前に片付けを行うよう伝え、子どもが次の活動に見通しを持てるようにする。 ・遊びを続けている子どもには一緒に片付ける姿を見せ、自分から片付けが行えるように援助する。 ・排泄、手洗い、うがいをすませた子どもから実習生の前に座るように言葉をかける。 ・実習生が座っている位置から子どもたち全体が見えるかを確認する。
10:20		・歌「おはようのうた」「おつかいありさん」を歌う。 ・元気に歌を歌う。 ・歌を歌わない子どもがいる。	・ピアノを弾きながら、みんなで元気に歌えるように実習生もはっきりとした声で歌う。 ・歌詞を覚えていない子どもがいたら実習生が一度歌い、正しい歌詞を伝える。 ・ピアノの手元ばかりを見ずに子どもの方に顔を向けながら歌う。
	<園庭> ・あらかじめへび状の線を園庭に書いておく。 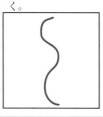	○手遊びをする。 ・「小さな庭」を行う。 ○「へびじゃんけん」の説明を聞く。 ・帽子を被り園庭へ出て木陰に集まる。	・手遊びの特徴がしっかり出るように表現豊かに行う。 ・これから行うゲームについて説明を保育室で行うことで初めてのゲームがわかりやすく行えるようにする。集合場所もわかりやすく伝える。 ・黒板に図を書きルールをわかりやすく説明する。 ・外へ出る時は走らないように伝える。実習生もすぐに外へ出て子どもの安全管理に努める。
11:00	<ルール>2チームに分かれて一斉に端からスタートし真中の出会った所でジャンケンをし、勝った方はそのまま進み、負けた方は自分のチームに戻り次の子どもがスタートしてその相手とジャンケンをする。自分のチームに相手の子どもがこないようにするゲーム。	○「へびじゃんけん」をする。 ・2チームに分かれて並ぶ。 ・ゲームのルールの説明を聞く。 ・2チームに分かれて線の端と端に並ぶ。 ・「ヨーイ」ピーの笛の合図で始める。	・あらかじめ書いておいた線を使ってもう一度実際に行って見せながらルールの説明をする。 ・2回目は子ども一人が見本となり行う。 ・実習生が中央に立ち両チームの様子を把握する。 ・ジャンケンに混乱がないか見守る。

POINT☞ はじめて行うゲームはていねいにわかりやすく説明しよう。

POINT☞ 戸外活動の際の安全面も考慮しよう。

POINT☞ ゲームなどはやり方やルールも指導案に明記しよう。

時間	環境構成	予想される子どもの姿	実習生の援助と留意点
	<園庭> 	・ルールがわからない子どもがいる。 ・はしゃいでしまう子どもがいる。 ・転倒者が出る。	・転倒者が出た場合、担任保育者に報告をし、すぐに応急処置をする（必要に応じて報告後、保育者の指示を仰ぐ）。 ・勝ち進んだ子どもが相手チームに入ったところでゲームを終了する。 ・子どもの反応を見ながら子どものペースに合わせて進めていく。 ・保育室への危険な移動の仕方を実際に見せながら子どもたちが考えられるようにする。
11：20	・雨天の場合はホールで行う。雨天時にホールを使用できるか確認しておく。	○終了 ・部屋に戻る。 ・排泄、手洗い、うがいをする。 ○給食の準備	・子どもの様子を見ながら終了の言葉をかける。 ・手を洗うように伝える。 ・手洗い場が混乱しないように安全管理をする。
11：30			・アレルギー児の除去食には十分に注意する。

≈≈≈ 中略 ≈≈≈

時間	環境構成	予想される子どもの姿	実習生の援助と留意点
12：30		○「ごちそうさま」をする ・好きな遊びをする。 室内：朝の遊びの続き 戸外：へびじゃんけん、なわとび、固定遊具、泥だんご、砂場、虫さがし他。	・食事が終わらない子どもには個別に言葉をかけ、少しずつ食べる働きかけをする。 ・保育室内の片付けを並行して行い、子どもの遊びに参加する。 ・遊びに参加していないと思われる子ども、遊びが見つかっていない子どもの近くに行き様子を見守る。 ・トラブルが発生した時には子どもの意見を良く受け止めながら共に解決策を見つけるような働きかけをする。
13：10		○片付け ・実習生の言葉かけによって、実習生と一緒に片付けをする。 ・遊びを続けている子どもがいる。 ・排泄、手洗い、うがいをする。	・5分前には片付けるよう言葉をかけ、子どもが見通しを持ち、時間を意識しながら行動できるように働きかける。 ・片付けを実習生と一緒にしながら次の活動が楽しみにできるようにする。 ・排泄、手洗い、うがいをすませた子どもから帰りの支度をするように言葉をかける。
13：20	<保育室> 	○帰りの会 ・帰りの支度をする。 ・配付物を受け取る。 ・絵本『そらいろのたね』を見る。 ・明日の話を聞く。 ・「さようなら」の挨拶をする。	・帰りの支度ができた子どもから実習生の前に座るように言葉をかけ、会が始まる雰囲気を作る。 ・配付物がある時は忘れないよう十分に留意する。 ・配付物を鞄に入れたか言葉をかけ確認する。 ・絵本の読み聞かせをしながら落ち着いた雰囲気を作る。 ・明日の予定として伝えるべきことがある場合伝える。 ・挨拶をする。一人一人と握手をしながら送り出す。
14：00		○バス降園 ・バスコースごとに分かれる。 ・徒歩降園の場所に行く。 ・バス出発 ・降園	・バスの乗り場がわからない子どもに伝える。 ・忘れ物がないか確認をする。 ・慌ただしい雰囲気になってしまうので不安を抱えている子どもには落ち着く雰囲気を出しながら接する。 ・笑顔でまた明日が楽しみにできるように言葉をかけていく。

POINT ☞
けがなどが発生した場合も考え対処法についても記しておこう。

POINT ☞
屋外での活動は雨天時の活動の行い方も考えておこう。

POINT ☞
予想される遊びは具体的に記しておこう。

日時	○○　年　8月　29日　火曜日		実習生氏名	○○○○
クラス名	どんぐりグループ	在籍　男児　4　名・女児　6　名　　計　10　名		
担任名	○○○○　先生　　○○○○　先生			

<現在の子どもの姿>
・毎日センターを楽しみにして登園する子どもがいる。
・プレイルームでトランポリンや的あてなどで体を使って遊ぶことを喜んでいる。

<活動のねらい>
・色彩豊かなボールを使い全身を使って遊ぶことを喜ぶ。
・遊びの楽しさを職員や子どもたちと共有する。

<子どもたちの経験する主な活動>
・「バルーン玉入れ」を楽しむ。

POINT☞ 子ども一人ひとりの姿ではありながらも、全体としてどのような様子が見られるか確認しよう。

POINT☞ 誰が見てもわかるように、環境構成と遊び方は詳細に書いておこう。

POINT☞ 子どもが視覚で理解しやすいような配慮をしよう。

時間	環境構成	予想される子どもの姿	実習生の援助と留意事項

────── 前略 ──────

| 10：30 | ・プレイルーム

ステージ
かご　　かご
巧技台
バルーン
かご　　かご

・登園する前に設定しておく。設定しながら、危険なものがないかなど確認をする。 | ・朝の会が終わってから、子どもたちはプレイルームに移動する。
・指導員とともにプレイルームに移動する子どももいる。
○プレイルームに移動
・実習生の言葉かけで赤い線を確認して座ろうとする。
・実習生が誘導するが不安で落ち着かない様子がある。
○バルーン玉入れ
・実習生の動きを見ながら説明を聞く。

・集中して聞くことがむずかしい子どももいる。 | ・朝の会を終える際に、子どもはプレイルームに移動するように伝える。子どもの様子に合わせて個別に言葉をかけるなど柔軟に関わる。
・子どもたちを誘導して、みんながプレイルームに移動することを確認する。
・プレイルームに来た子どもに、赤い線に沿って座るように伝え、子ども全員が集まったことを確認する。
・保育者に個別に関わってもらい、安心して過ごせるように配慮する。
・バルーン玉入れの説明をする。子どもにわかりやすいように、実際に実習生が動きながら説明をする。ポイントを明確にして、説明をわかりやすくするように配慮する。
・説明に集中できない様子の子どもには、一緒に遊びながら理解できるように配慮していく。
・かごに入れたボールを「よーいどん！」という合図の下で保育者にばらまいてもらい、ゲームをスタートする。 |

【バルーン玉入れ】　<準備物>バルーン1枚、ボール、かごに4セット、段ボール1個、巧技台（段ボールと重ねて70〜80cmくらいの高さになる段数）、クラフトテープ（布）

<遊び方>　※ 子：子ども、保：保育者、実：実習生

①保育者が巧技台に段ボールを固定し、バルーンと段ボールにかぶせて、玉入れのかごのようになるようセットする。

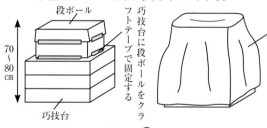

②「よーいどん！」という言葉かけで、保育者がボールをばらまき、子どもはボールを入れる。

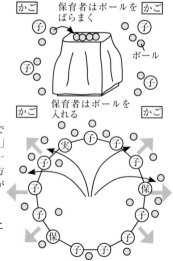

③ボールがたくさん入ったら、合図をして一度座るように伝える。

④バルーンのはじをみんなでもつ。

⑤子どもと保育者で「3・2・1・それ！」という合図とともに一気に広げる（少し下方に引っ張るとボールが飛びやすい）。

⑥ボールが飛び散ることを喜ぶ。

時間	環境構成	予想される子どもの姿	実習生の援助と留意事項
		・夢中になってボールを追いかけて手に取り、かごの中に入れる。 ・保育者と一緒にゆっくりとした行動でボールをかごに入れる。 ・盛り上がる様子をじっと見る子どももいる。	・子どもとボールを集めて入れることを一緒に楽しむ。子どもがそれぞれに楽しむことを大切にして援助する。 ・ボールがまだあるところは、子どもが気づくように言葉をかけたり、一緒にひろうなどしてかごに入れられるように援助する。 ・全部ボールがかごに入ったら、「では、座りましょう」と合図をしてその場で座るように言葉をかける。
		・子どもはその場に座ったり、ボールが入ったことを喜んでいる。 ・バルーンをつかむ。 ・保育者と一緒につかむことで安心する。 ・ボールが飛び上がる様子に歓声を上げて喜ぶ。 ・ボールの動きを見て、子どももジャンプする。	・ボールが入ったことを確認して、バルーンの端を持つように言葉をかける。しっかりバルーンをつかんで握るように伝える。 ・「3・2・1それ!」という合図でバルーンを引っ張ることを伝えて、子どもと一緒に楽しむようにする。 ・ボールが飛び上がる様子を子どもと一緒に楽しみ、「きれいだったね」「面白かったね」など、子どもの表情を見ながら言葉をかける。不安な様子がある場合には、「びっくりしたね」など子どもの気持ちに合わせて言葉をかけて気持ちに寄り添っていく。
		・実習生の言葉かけで、張り切ってボールをひろってかごに入れようとする。 ・保育者と一緒にボールを入れる。	・もう一度みんなでやってみることを伝え、バルーンをセッティングする。 ・ボールを入れる合図をするとともに「また、ドカーンでボールが飛び出すかな?」など期待が持てるような言葉かけをしながら、子どもと一緒にボールを集めて入れる。
		・ボールが飛び出すと歓声を上げて喜ぶ。	・再度ボールが飛び出す様子を一緒に喜び合う。 ・最後に子どもたちと一緒にボール集めをして、集まったら「早かったね」などと言葉をかけてバルーン玉入れを終える。
		・赤い線に座って実習生の話を聞く。	・赤い線に座るように言葉かけをして、全員座ったらバルーン玉入れを終えて、保育室に行くことを伝える。
	POINT ☞ 気持ちが落ち着いてから次の行動に移れるように配慮しよう。	・座れずに立っている子どももいる。	・座ることで気持ちに区切りをもてるようにして、落ち着いて保育室に移動できるようにする。 ・気持ちが切り替えられない子どもがいる時には、個別にていねいに気持ちを受け止めて、次の行動に移っていけるように配慮する。
11:15		・それぞれに保育室に行く。 ・保育者と一緒に保育室に行く子どももいる。 ・保育者と一緒に帰りの支度をする子どももいる。 ・帰りの支度を終えた子どもから席につく。	・子どもと一緒に保育室に戻る。 ・帰りの支度をしてから席につくことを伝える。 ・全員の子どもたちが揃うのを待つ。
11:20	・保育室 机は端に寄せておく 机　机 ロッカー　椅子　⦿(実) 出入口 子どもの椅子を並べる	○帰りの会 ・絵本『くだものだもの』の読み聞かせを聞く。 ・じっと見たり、絵を指さして見ている。 ・帰りの挨拶をする。 ○降園 ・それぞれ挨拶をして帰る。	・絵本がみんなに見える位置に座り、わかりやすい発音で語り楽しめるようにする。 ・子どもの表情や姿を肯定的に受け止める。 ・今日、楽しく過ごした気持ちと明日の登園を楽しみにする言葉かけと共に帰りの挨拶をする。 ・笑顔で子ども一人一人に挨拶をして、保護者に引き渡す。
11:40			

責任実習（認定こども園・3歳児）
—— 活動提案型（コーナー保育）

日時	○○ 年 10 月 15 日 木 曜日		実習生氏名	○○○○
クラス名	つばめ 組（ 3 歳児）	在籍 男児 9 名・女児 7 名	計 16 名	
担任名	○○○○ 先生			

<table>
<tr><td colspan="2"><現在の子どもの姿></td><td><ねらい></td></tr>
<tr><td colspan="2">
・行動範囲が広がり、好奇心も強くなり「何だろう」「やってみよう」と物への関心が深まりじっくりと関わるようになる。
・素材の使い方がわかり始め、表現することを楽しむ。
・共通したイメージを持って遊びを楽しむ。
・どんぐり集めやお店屋さんごっこを楽しむ姿が見られる。
</td><td>
・自分の好きな新しい遊びに興味を持ち楽しむ。
・秋の自然物に親しむ。
</td></tr>
<tr><td colspan="2"></td><td><内容></td></tr>
<tr><td colspan="2"></td><td>
・コーナー活動（どんぐりゴマ作り、落ち葉のアクセサリー作り）を行い、自分の好きな遊びを楽しむ。
</td></tr>
</table>

時間	環境構成	予想される子どもの姿	実習生の援助と留意点
8：00 9：50 10：00 10：20	<保育室> ピアノ　絵本 折り紙 お店屋さんごっこ　ブロック積み木 ・落ち葉や木の実を入れるビニール袋を用意する。 <保育室> ピアノ　実　絵本 折り紙 じゅうたん お店屋さんごっこ　どんぐりゴマ　落ち葉アクセサリー	○順次登園する（朝預かり、バス登園、徒歩登園等）。 ・身支度をする。 ・すぐに遊び始める子どもがいる。 ・好きな遊びをする（絵本、折り紙、お店屋さんごっこ、ブロック・積み木、固定遊具、鬼ごっこ、落ち葉拾いなど）。 ○実習生の言葉かけによって、片付けをする。 ・実習生と一緒に片付けをする。 ・遊びを続けている子どもがいる。 ・排泄、手洗い、うがいをする。 ○実習生の前に座る。 ・歌「どんぐりころころ」「まつぼっくり」「きのこ」を歌う。 ・手遊び「大きな栗の木の下で」を行う。 ○秋の木の実の話を聞く。 ・保育室に用意をしておいた木の実（どんぐり、椎の実、松ぼっくり、ヒノキの実、落ち葉等）を見る。 ・色々な木の実に興味を持つ。 ・特徴を見つけ話す子どももいる。 ・話を聞いてない子どももいる。 ・2つのコーナーの話を聞きながら自分の興味のあるコーナーを考えている。	・朝預かりの子どもを迎える。バス登園、徒歩登園の子どもを笑顔で迎え、朝の健康状態の観察をする。 ・身支度をしていない子どもには自分から身支度ができるような言葉をかける。 ・好きな遊びができるように昨日の子どもの遊びの流れに沿って環境を整える。 ・落ち葉や木の実を拾う遊びを実習生と行う。 ・片付けるよう言葉をかけ、子どもと一緒に片付けを行う。 ・片付ける場所などを確認しながら、進んで片付ける子どもには「すごいね」など言葉をかけながら行う。 ・排泄、手洗い、うがいをすませた子どもから実習生の前に座るように言葉をかける。 ・実習生が座っている位置から子どもたち全体が見えるかを確認する。 ・コーナー活動の興味が高まるように季節の歌を用意する。 ・実習生が元気に歌い歌詞を明確にする。 ・ピアノの伴奏を行う時は、前奏から子どもたちの気持ちが高まるようにする。 ・歌の始まりがわかりやすいように実習生が子どもたちと向き合い顔を見ながら歌う（自分の手元を見て伴奏をしないようにする）。 ・子どもの反応を見ながら子どものペースに合わせて進めていく。 ・子どもの意見が出てきたらその話を取り入れながら話をする。 ・木の実の特徴に子どもたち自ら気づくような話の進め方に留意する。 ・自然物を使った作品（どんぐりゴマ、落ち葉のアクセサリーの2つのコーナー）を見せる。 ・コマは実際に回して見せる。 ・落ち葉のアクセサリーは実習生の首にかけて、ネックレスのイメージを広げる。 ・好きなコーナー活動に参加しても良いことや、好きな遊びをしても良いことを伝える。 ・コーナーに作品を置きわかりやすい環境にする。

POINT ☞ 次に提案する活動に興味がもてるような導入を考えよう。

時間	環境構成	予想される子どもの姿	実習生の援助と留意点
	<作り方> ○どんぐりゴマ （用意する物）どんぐり、竹ひご、ボンド ・事前にどんぐりには穴を空けておき、竹ひごは短く切っておく。 ①好きなどんぐりを選ぶ。 ②どんぐりの穴にボンドを付けた竹ひごを入れる。 ③ボンドが乾き竹ひごが付いたらでき上がり。 竹ひご どんぐり 竹ひごの先にボンドを付けて穴に入れる。 ○落ち葉のアクセサリー （用意する物）落ち葉、毛糸、セロハンテープ ・毛糸は適度な長さに事前に切っておく。 ①好きな落ち葉を選ぶ。 ②落ち葉を毛糸にセロハンテープで付けてネックレスやブレスレッドにする。 	○お店屋さんごっこの続きを行う子どもたちがいる。 ○コーナー活動に興味を持ち製作を始める。 ・コーナー活動に興味があっても遊びに入れない子どももいる。 <どんぐりゴマ> ・コーナーにおいてあるコマに興味を持つ。 ・コマを回そうとするが上手く回らない子どもがいる。 ・すぐに回せる子どもは何度も行う。 ・何度も回しているうちにできるようになり喜んでいる子どもがいる。 ・上手く回せずに諦めてしまう子どもがいる。 ・自分のコマを作りたい子どもが実習生に作り方を聞きに行く。 <落ち葉のアクセサリー> ・毛糸に好きな落ち葉を貼り付けて自分の首にかけネックレスにしている。 ・ネックレスだけではなく、ブレスレットを作る子どももいる。 ・ティアラに見立てて頭に飾る子どももいる。 ・髪飾りにする子どもがいる。 ・お店屋さんごっこの子どもたちもコーナーの製作活動に興味を持つ。 ・実習生の言葉かけでお店屋さんで遊んでいた子どもの一部もコーナー活動に参加する。 ・お店屋さんごっこに集中して遊ぶ子どももいる。	・お店屋さんごっこで遊ぶ子どもや他の遊びを行う子どもの様子を見守りながら、コーナー活動の製作を子どもたちと一緒に行う。 ・コーナー活動に興味があってもなかなか参加できない子どもには「先生と一緒に作ってみない？」と実習生の方から言葉をかける。 ・どんぐりゴマ作りはコマの回し方を伝える。 ・上手く回せない子どもには指先の力の入れ方を丁寧に伝え励ます言葉をかける。 ・回している時に隣の子どもと肘がぶつからないように適度な間隔をあけるように配慮する。 ・上手く回せるようになった子どもには実習生も喜ぶことで気持ちを共有する。 ・回せずに諦めてしまう子どもには手で支えて手伝うことで回す感覚を伝えていく。 ・コマを作る際には穴をあけて置いたどんぐりを用意し短い竹ひごを入れるように手順を伝える。 ・穴をあける作業を追加する時には周囲に子どもがいない場所で行い安全に十分に気を付ける。 ・アクセサリーに使用する毛糸を適度な長さに切っておく。自分たちで作るように環境を整えておく。 ・実習生もアクセサリーを身に着け楽しげな雰囲気作りをする。 ・セロハンテープで貼り付ける時には使い方を伝え危険のないように留意する。 ・落ち葉は十分な量を用意しておく（可能であれば当日だけでなく、前日にも落ち葉を拾う遊びを取り入れる）。 ・お店屋さんごっこの子どもたちに「何を売っているのかな？」など言葉をかける。 ・製作に興味を持っている子どもがいる場合は作ったコマやアクセサリーをお店で売る提案をし、作った製作物を見せるなどして、コーナーの活動にも興味が持てるよう働きかける。 ・お店屋さんごっこに集中している子どもにはコーナー活動への参加を無理強いをせず、遊びを見守る。
11：30		○片付け ・自分の作品作りに夢中になったり、コマ回しを続けて片付けをしない子どもがいる。 ・実習生の片付ける様子を見て片付けを行う。	・給食の時間になることを伝え、片付けるよう言葉をかける。子どもが見通しを持ち自分から片付けができるように実習生自らが見本となるよう片付けを行う。 ・「今日の給食は何かな？」などと言いながら給食が楽しみに思えるよう言葉をかけたりする。 ・排泄、手洗い、うがいをすませた子どもから実習生の前に座るように言葉をかける。

POINT☞
製作物のつくり方は指導案内（もしくは別紙など）に示しておこう。

POINT☞
興味があってもなかなか参加できない子どもへの対応も考えておこう。

POINT☞
コーナー活動に興味がもてるような言葉かけなどを考慮しよう。

POINT☞
子どもが主体的に遊びに取り組めるよう配慮しよう。

時間	環境構成	予想される子どもの姿	実習生の援助と留意点
11：40	＜保育室＞ 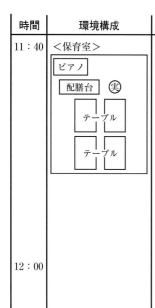	・手洗い、排泄をする。 ○給食の準備 ・給食のセット（コップ、ふきん、歯ブラシ）を持ってくる。 ・椅子に座る。 ・給食当番の子どもはエプロンをしたり給食の帽子を被り支度をする。 ・給食の食器や給食を運ぶ（当番）。 ・個人用の給食の盛り付けをする（当番）。 ・自分の給食を受け取りに行く。	・テーブルの用意をする。 ・排泄の言葉をかける。 ・給食の配膳スペースを作り、台布巾でテーブルの上を拭く。 ・給食の食缶を保育室に運ぶ。 ・子どもたちが給食の準備をしているか確認しながら行う。 ・できるだけ給食当番の子どもが自主的に行えるようにできるところは見守り、できないところは手伝うなどの援助する。 ・子どもが重い食缶を持つ時には手を添えて危険のないように配慮をする。 ・給食当番ではない子どもも自分の給食準備が主体的に行えるように言葉をかける。 ・食事を待っている間に静かに待つことを伝える。
12：00		○給食 ・食事の前の挨拶の言葉をかける（当番）。 ・「いただきます」の挨拶をする。 ・エプロンを片付ける（当番）。 ・大人用の給食も別に盛り付けをする（当番）。 ・食事をする。 ・楽しく話をしながら食事をする。 ・大きな声ではしゃいでしまう子どもがいる。 ・立ち歩いて食べる子どもがいる。 ・食べ終わってからも席を離れないで待っている。 ・ある程度食べ終わったらみんなで一緒に「ごちそうさま」をする。	・給食当番の動きを手伝いながら、待っている子どもたちを見守る。 ・みんなで一緒に挨拶ができるようにする。 ・給食当番の子どもには頑張ったことを褒めて、当番の仕事の大切さをみんなにも伝える。 ・エプロンの畳み方がわからない子どもには伝える。 ・子どもたちと一緒に食事をする（担任の保育者に言葉をかけてから食事を始める）。 ・今日の楽しかった遊びの話題や子どもたちの話したいことを中心に話題を盛り上げる。 ・食事中に大きな声で話をすることを話題にあげマナーについて考えるきっかけにする。 ・立ち歩いて食事をすることで食べ物がこぼれてしまうことに気づくようにする。 ・クラスの半分以上の子どもが食べ終わっていることを目安に「ごちそうさま」の挨拶の言葉をかける。
12：40		○片付け ・食器の片付けをする。 ・歯磨きをする。 ・椅子を片付ける。	・食器を片付ける時はきれいに重ねるように、同じ種類の食器を同じ場所に置くように言葉をかける。 ・歯磨きの仕方を確認する。 ・歯ブラシを持ったり、くわえたまま移動しないことを伝える。食器を片付けながら確認をする。 ・テーブルの上を拭き、食べこぼしなどの掃除をする（テーブルや椅子を片付ける）。
12：50	＜保育室＞ ピアノ　絵本 ブロック 積み木 折り紙 お店屋さんごっこ　どんぐりゴマ　落ち葉アクセサリー	○好きな遊び ・戸外では固定遊具、ボール、砂場、わらべうたなどで遊ぶ。 ・室内ではブロックやままごと、絵本などで遊ぶ。 ・お店屋さんごっこの続きをする子どももいる。 ・遊びたい物が重なり、物	・食べ終わらない子どもには、苦手な食べ物に、少しだけでも口を付けるよう言葉をかけ段階を踏んだ関わりを考えながら対応する。 ・手早く保育室内の片付けをすませ、子どもの遊びの安全に留意し、一緒に遊び、見守る。 ・自然物の遊びをする子どもには材料を用意し遊びの続きができるように整える。 ・喧嘩の対応は、実習生だけで対応せず担任の保育者にも必ず報告する。

POINT☞ 子どもの主体性を大切にした援助となるよう配慮しよう。

POINT☞ 食事中の子どもたちとの会話についても考えておこう。

時間	環境構成	予想される子どもの姿	実習生の援助と留意点
		・の取り合いなどが生じる。 ・自然物の作品作りを継続して行う。 ・どんぐりゴマで遊ぶ。 ・落ち葉のアクセサリーを身に着けている。	・怪我が発生した時には、わかる情報を速やかに担任の保育者に報告する。 ・コーナーの製作活動で材料が足りなくならないか、確認しながらそれぞれの遊びを見守る。 ・園庭で遊んでいる子どもには片付けて保育室に集まるように早めに言葉をかける。
13：15		○片付け ・実習生と一緒に片付けをする。 ・排泄、帰りの支度をする。	・保育室内の子どもも片付けを実習生と一緒に行う。 ・排泄、手洗い、うがいをすませた子どもから実習生の前に座るように言葉をかける。
13：30	ⓧ ○○○○○○ ○○○○○○○ ○○○○○ じゅうたん	○帰りの集い ・手遊びをする。「大きな栗の木の下で」の色々なバリエーションを楽しむ。 ・今日一日を振り返る。 ・絵本『どうぞのいす』 ・歌「まつぼっくり」	・支度の遅い子どもは手遊びをしながら言葉をかける。 ・歌のバリエーションを増やして手遊びを豊かにする。 ・今日一日を振り返り数人の子どもに前に出て話すように言葉をかける。 ・読み聞かせは、絵本の世界を楽しめるようにはっきりと聞き取りやすい声や速度で読む。 ・歌の際はきれいな歌声で歌うよう伝える。
13：45		○降園 ・挨拶「さようなら」 ・握手をしながら一人一人を見送る。 ・降園別に分かれる。 ※幼稚園：徒歩の降園、バスの降園（前半・後半） ※こども園：別の部屋へ移動	・実習生が元気に挨拶をすることで子どもたちも挨拶ができるようにする。 ・明日が楽しみにできるような言葉をかけて見送る。 ・幼稚園の子どもは徒歩の場所とバス乗り場が混乱しないように保育者（実習生）が言葉をかける。 ・長時間保育の子どもは引き続き園に残るので、指定の部屋へ移動するように見守る。
14：00		○長時間保育 ・荷物を置く。 ・集まる（人数確認）。	・自分で移動できているか確認する。 ・わからない子どもにはわかりやすく伝える。 ・申し送りの時間を設ける。 ・点呼を確実に行い人数を把握する（欠席の子ども、早退の子ども、日々の変更の子ども等）。
14：15	布団　布団 布団　布団	・午睡準備（布団を敷く、着替え等）をする。 ・絵本『ティッチ』を見る。	・午睡準備の布団を敷く。 ・カーテンを閉めて眠りやすい雰囲気を作る。
15：30	布団　布団 布団　布団	○午睡 ・寝ていない子どもがいる。 ・目覚める。 ・目覚めの悪い子どももいる。	・すぐに眠れない子どもにはそばに寄り添い背中をさすったり、トントンとリズムを取りながら入眠できるようにする。 ・おやつの準備をする。
16：00	テーブル テーブル	○おやつ ・手洗い、おやつの準備をする。 ・おやつを食べる。 ○好きな遊びをする。 ・戸外遊びをする（固定遊具、鬼ごっこ、縄跳び、サッカー、ボール遊び他）。 ・室内遊びをする（ブロック、積み木、お絵描き、絵本を読む、ままごと他）。	・目覚めた子どもから排泄の言葉をかける。 ・おやつの準備は手伝うことのできる子どもには言葉をかける。 ・機嫌の悪い子どもには寄り添いながら時間をかけて落ち着くようにする。 ・体調の変化がないか様子を見ながら帰る荷物なども確認する。 ・玩具を使った後は片付けをするように言葉をかける。 ・怪我、喧嘩などの報告事項は必ず保育者に連絡をする。
17：00		○降園 ・保護者が迎えに来たら帰る。	・保護者の迎えを確認しながら引き渡す。

POINT ☞ 引き継ぎについても記しておこう。

責任（半日）実習（保育所・4歳児）
── 活動提案型（コーナー保育）

日時	○○ 年 7 月 25 日 木 曜日	実習生氏名	○○○○

クラス名	すみれ 組（ 4 歳児）	在籍 男児 14 名・女児 10 名 　　計 24 名

担任名	○○○○ 先生　　○○○○ 先生

POINT ☞
年齢の特徴と活動の配慮に結びつく内容をしっかりと結びつけていこう。

＜現在の子どもの姿＞	＜ねらい＞
・戸外に出て遊ぶことを好み、主に泥だんご作りや泥遊びなど感触を楽しめる遊びを楽しんでいる。 ・ルールのある遊びを楽しむようになった反面、自分が有利になりたくてルールを守れずに、トラブルになることもある。 ・自分の身の回りのことはほとんどできるが、服の畳み方など雑になってしまいがちである。	・ボディーペインティングの独特の感触を楽しむ。 ・絵の具を互いに塗り合うなど友達同士関わって、ダイナミックに、気持ちを発散して遊ぶことを楽しむ。 ＜内容＞ ・身の回りのことを保育者の言葉かけで丁寧に行おうとする。 ・ボディーペインティングを楽しむ。

時間	環境構成	予想される子どもの姿	実習生の援助と留意点
8:30	・準備物をテラスに用意しておく。 ＜準備物＞ ・たらい6個、洗面器3個、小麦粉のり、ゆび絵の具3色、テーブル3台 ・保育室が整っていることを確認する。	○順次登園 ・朝保育で使った玩具を片付けて、保育室を移動する。 ・支度を終えた子どもから、帽子をかぶり園庭に出る。 ・友達と一緒に庭に出て、好きな遊びをする（縄跳び、泥だんご作り、砂遊びなど）。 ・園庭に出ても遊びが見つからずにいる子どももいる。 ・遊びのルールを守らない子どもがいることで、トラブルになることもある。	・朝保育の保育室に子どもを迎えに行き、当番保育者から引き継ぎ事項を確認する。 ・実習生は登園している子どもと一緒に当番の保育者に「ありがとうございます」とお礼を伝えてから、保育室に移動する。 ・登園してきた子どもに目を合わせながら明るく挨拶をして、朝の健康状態を観察する。 ・支度をすませて、帽子をかぶって園庭に出て遊ぶことを伝えて、子どもと一緒に庭に出る。 ・子どもの遊びの様子を見ながら、一緒に遊びを楽しんでいく。 ・遊びが見つからない子どもには、その子どもの好きな遊びに誘ったり、体調などを確認するなどして、様子を見ていく。 ・子どもの思いを受け止めながら、ルールを守ることで楽しく遊ぶことができることを伝える。 ・出欠確認・出欠簿記入をして、出欠簿・給食表・午睡表を提出する。
9:45		○片付け、排泄、手洗いをして席につく。 ・実習生の言葉かけで、玩具の片付けをする。 ・自分が使っていない玩具を片付けている子どももいる。	・片付けの時間であることを知らせ、使った物を片付け、排泄・手洗いをすませて席につくように伝える。 ・片付けを頑張っている子どもには「助かるわ、ありがとう」など言葉で気持ちを伝える。
10:00		○朝の会 ・出席当番が前に出て挨拶をして、出席人数、欠席の子どもを伝える。 ・出席当番と挨拶をする。 ・実習生の話を聞く。	・全員着席していることを確認して、出席当番の子どもに前に出るように言葉をかける。 ・子どもたちの見本となるように、明るい声で挨拶をして、出席当番の報告を聞く。 ・園庭でボディーペインティング、室内で遊ぶ子どもは担任保育者と共にフィンガーペインティングで遊ぶことを話していく。準備について、わかりやすく丁寧に説明する（帽子をかぶる、水着の上にTシャツ・ズボンを着用する、荷物はプール前のホールに置く、室内にいる子どもは絵本を読んで待つなど）。
10:10	＜園庭＞　プール↑ 足洗い 水道 ○○○ ㊦ たらい 青 赤 赤 黄 黄 青 各テーブル ㊮	○着替え・準備 ・水着に着替えて帽子・Tシャツ・ズボンを着用する。 ・室内にいる子どもは絵本を見ている。	・プール前にテーブルを並べ、ペインティングの絵の具を入れたらいを置くなど準備をする。 ・着替えが終わり始める様子を確認して、保育室用に洗面器にもペインティングの絵の具を入れて、ブルーシートやシート、画用紙と共に担任保育者に事前にお願いした上で一緒に準備を整える。

POINT ☞
子どもの動きを想定して、危険のないような配置を考えて設置しよう。

POINT ☞
子どもの意欲的な姿を認めていく言葉かけをきちんとしていこう。

POINT ☞
子どもが理解できているか、表情などを見て確認をしながら、説明したり復唱したりしていく。

時間	環境構成	予想される子どもの姿	実習生の援助と留意点
10：25	<保育室> 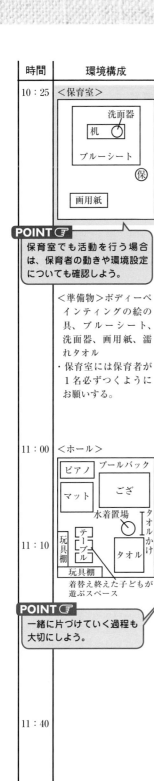洗面器 机 ブルーシート (保) 画用紙 **POINT☞** 保育室でも活動を行う場合は、保育者の動きや環境設定についても確認しよう。 <準備物>ボディーペインティングの絵の具、ブルーシート、洗面器、画用紙、濡れタオル ・保育室には保育者が1名必ずつくようにお願いする。	○ボディーペインティング遊び ・準備ができた子どもで園庭に出られる子どもは、実習生のところに集まる。 ・実習生と握手をして絵の具がついたり、感触が面白いことに声を出して喜ぶ。 ・たらいにある絵の具をのぞきこむ等、遊びに参加しようとする気持ちはあるが躊躇している子どももいる。 ・汚れることを嫌がり、遠くで見ている子どももいるが、実習生の誘う姿にやってみようとする。 ・子ども同士で体中にペイントすることを喜んでいる。 ・庭で友達や実習生にペイントしようと追いかけっこをしながら楽しむ。 ・「おしまいにする」と自分から実習生に伝えてくる。	・実習生が自分の手に絵の具をつけて、集まってきた子どもたちに見せたり、握手するなどして、少しずつ感触を楽しめるようにしたり、面白さを感じられるようにして、自ら楽しむ機会を作っていく。 ・子どもの反応を見ながら、一緒に声を出して笑ったり、「ここにもどうぞ」と絵の具をつけて、ダイナミックに遊ぶ面白さを感じられるようにする。 ・「握手してよ」「何色が好き？」などと言葉をかけながら、腕やほっぺたなどに少量の絵の具をつけてその反応を見ながらやりとりをしていく。自分にもつけて、どのようになるのかを見せて、遊びたくなるような働きかけをする。 ・初めての経験は不安を感じることもあると認めていきながら、様子を見て絵の具に触れてみるように誘っていく。手に絵の具をつけて、テーブルをなでると感触が面白いことも伝えていく。 ・実習生も仲間に入って、互いにペイントすることを楽しんでいく。 ・遊びが盛り上がる中で、実習生は「いくぞー」「やったなぁ」など、もっと遊ぶ気持ちをみせていき、ダイナミックさを出して盛り上げていく。 ・その子どもなりに参加して楽しんだ気持ちを受け止めて「わかったよ」と言葉をかけて、実習生と一緒にプールに行って、絵の具を落とす。
11：00	<ホール> ピアノ プールバック マット ござ 水着置場 タオルかけ 玩具棚 テーブル タオル 玩具棚 着替え終えた子どもが遊ぶスペース **POINT☞** 一緒に片づけていく過程も大切にしよう。	・実習生の言葉かけで、衣服を脱いで洗う。 ・友達がシャワーする姿を見て「シャワーしたい」などと伝えてくる。	・ある程度落ちたら、「洋服脱いでたらいで自分で洗ってごらん」と伝える。 ・「いいよ、おいで」と言葉をかけて、順次シャワーをして、衣服を自分で洗うように伝える。 ・衣服を洗い終わった子どもは、自分で仕上げのシャワーをして、衣服を持ってホールで着替えをするように話す。実習生はホールにいる保育者に子どもが順次入ることを伝え「お願いします」と言葉をかける。
11：10		○片付け ・実習生の言葉かけにシャワーをするために集まる。 ・片付けを手伝ってくれる子どももいる。 ・なかなか遊びを切り上げられない子どももいる。 ・着替え終わった子どもは、ホールで好きな遊びをする（ブロック、トランプ、お絵描き、積み木など）。	・そろそろ終わりになることを伝え、子どものシャワーをしながら、合間を見て、たらいやテーブルを洗って干していく。 ・「ありがとう、助かるわ」と手伝ってくれる子どもに伝える。「こっちもお願いしてもいいかしら？」などお願いをして、一緒に気持ち良く片付ける経験もできるように言葉かけをしていく。 ・「そろそろシャワーが閉まりますよ、待ってますよ」など、おしまいであることを伝えていく。 ・仕上げのシャワーが全員終わったことを確認して、「子どもが全員ホールに入ったので、着替えてきて大丈夫でしょうか」とホールの保育者に伝え、確認してから着替えてくる。
11：40		○ホール ・実習生の言葉かけに使った玩具を片付けて、バッグを持って並ぶ。 ・並ぶ順番で言い合いになるが、話し合おうとする。 ・友達が遊んでいた玩具でも、一緒に片付けてから並ぶ子どももいる。	・着替えがすみホールに戻ったら「戻りました。ありがとうございました」とホールの保育者に言葉をかける。 ・子どもたちに「保育室に戻って食事にするので片付けてバッグを持って並びましょう」と言葉をかける。積み木など大変そうなところは一緒に片付けるなどしていく。 ・子どもが全員並んだことを確認して、保育室に帰ったら、バッグを片付けて食事の準備をするように伝える。 ・保育室に子どもと移動し担任の保育者に引き継ぐ。

責任実習（幼稚園・5歳児）── 遊び発展型

日時	○○ 年 5 月 31 日 水 曜日	クラス名	ぞ う 組（ 5 歳児）

前日までの子どもの姿	・一番大きな年長児という自覚を持ちながら、落ち着いて生活できるようになっている。登園してくると、好きな遊びを見つけて遊んだり、「○○やろう」「私も入れて」など誘ったり声を出して、一緒に集団でする遊びを楽しもうとする姿が見られる。特定の仲良しの友達だけでなく、同じ遊びをしたい友達とも遊ぶことが増えるようになるが、ルールを守らなかったり、つい悪い言葉を言ってしまい、いざこざになることもある。 ・虫への興味が広がり、花壇にいたちょうちょうの幼虫を虫かごに入れて、実際に飼ってみたり、幼虫の模様を観察して、図鑑で調べてどんなちょうちょうになるのか調べるなどの姿が見られる。また、だんご虫も捕まえるだけでなく、大きいだんご虫、赤ちゃんのだんご虫などがいることがわかり、大きさや色、動きを良く見ている。飼育しているかぶと虫の幼虫がとても大きくなったことを喜んでいる。 ・戸外では、友達の逆上がりができるようになった姿を見て、「やってみたい」と興味を持って挑戦する姿が増えてきて、自分ができるものからやってみせたり、保育者に援助してもらいながら繰り返し逆上がりに挑戦している。成功した友達がいると一緒に喜んだり、できない子どもにも「もっと～するといいんだよ。やってごらん」と優しくアドバイスする姿も見られる。

時間	生活の流れ	予想される子どもの遊びと環境構成および実習生の援助と留意点	
9：00	○登園 ○朝の支度 ・シール張り ・カバンと帽子をロッカーにしまう。	**＜積み木・ブロック遊び＞①** ○特定の仲良しの友達と相談しながら、一つの物を作り上げることを楽しむ。 ○イメージが共有できずに言い合いになっても互いの考えを聞いて自分たちで解決しようとする。 ★積み木を十分に用意して遊べるようにする。 ●トラブルになっても自分たちで解決しようとしている姿を認めて見守っていき、様子を見ながら解決するためにどうしたら良いか一緒に考えていく。 ●友達と一緒に作り上げた作品として認めていき、写真を撮ったり、完成した物を友達に見せたりして、達成感を味わえるようにする。	［保育室］
9：30	○好きな遊び		
11：45	○片付け		
12：00	○手洗い・排泄 ○弁当の準備	**＜弁当＞②** ○楽しい雰囲気の中で友達と会話をしながら弁当を食べる。 ●楽しい雰囲気を大切にして、子どもの会話を聞いたり、広げていけるような言葉かけをしていく。	**＜ままごと遊び＞③** ○エプロンや三角巾、スカートなどを身に着けて、友達同士で役を相談しながら決めて、その役になりきって遊ぶ。 ○イメージ通りに動いてほしくて、友達に強い口調になってしまうこともある。 ●三角巾などの着脱が難しい場合には援助をする。 ●一緒に遊ぶ中で、相手やまわりの友達が気持ち良く遊びが続けられる言葉づかいについて子ども自身が考えられるようにする。
12：10	○弁当を食べる		
12：45	○好きな遊び		
13：25	○片付け ○手洗い・排泄	**＜帰りの会＞④** ○歌「あめふりくまのこ」、絵本『だんご虫のころちゃん』 ●帰りのひとときが楽しくなるように、子どもたちと一緒に歌や絵本を楽しめるようにする。 ●明日も期待や楽しみを持って登園できるような言葉かけをし、実習生も待っていることを伝える。	**＜砂場・ごちそう作り＞⑤** ○花や青葉を集めて、砂で作ったごちそうに飾りを付けて、客になる実習生にごちそうを振る舞う。 ★器・型抜きなど必要な道具を用意する。 ●実習生がお客さんになって、お店屋さんのやりとりを楽しめるようにして遊びを広げていく。 ●作った物を具体的に褒めていき、さらに工夫もできそうな言葉かけもして、持続できるようにする。
13：45	○帰りの会		
14：00	○降園		

保育室図：積み木、ロッカー、ピアノ、ブロック、①、②④⑥、絵本、③、棚、ままごと

実習生氏名	○○○○	担任名	○○○○ 先生

在籍　男児 11 名・女児 10 名　　計 21 名

・最近は砂場で遊ぶことを楽しんでいる。砂を掘って運んだ水を入れたり、道具を使って水路を作って葉っぱや花を流すなどダイナミックな遊びが見られる。隅の方では、春の自然物を使いながら、ケーキやおだんごなどのごちそう作りをして保育者に振る舞って楽しんでいる。 ・ままごと遊びでは、友達と相談しながら役を決めて、それになりきりながら楽しんでいる。イメージがわからないと、「私は〜感じだよね」など言葉で確認して友達と共有しようとする姿がある一方で、強い口調で「〜してよ！」と友達に命令するような言葉を言っている姿も見られ、保育者が言葉の使い方について一緒に考えると、すぐに理解できて、友達同士納得をして持続的に楽しむことができている。 ・積み木やブロックなどで構成遊びをじっくり楽しむ姿が見られる。友達と協力をして大きな作品を作ることを楽しむようになり、でき上がると保育者を呼んで見てもらい喜び合っている。	**ねらい** ・友達の考えを認めたり協力しながら好きな遊びを楽しむ。 ・春の生き物や自然物と関わって遊び、その美しさや不思議さに気づく。 **内容** ・友達と一緒に遊ぶ。 ・春の生き物を観察したり調べたり、自然物に触れて遊ぶことを楽しむ。

○予想される子どもの遊び　★環境構成　●実習生の援助と留意点

<お絵描き>⑥
○友達と一緒にイメージしていることや経験したことを描く。
○描いた物を実習生に嬉しそうに見せてくる。
★紙や描画財（色鉛筆・サインペン・クレヨン）を取り出しやすい場所に用意する。
●描いた絵を飾ったり、具体的に褒めていくことで自信につなげていく。

<だんご虫・虫探し>⑦
○園庭でだんご虫やてんとう虫などの虫を見つけて集める。
○捕まえた虫を友達同士で見せ合ったり、動いている様子を観察する。
○知らない虫を見つけると図鑑で調べて確かめている。
★虫探しに必要なカゴやバケツなどの容器を用意する。
★図鑑や虫メガネなどをすぐに出せる場所に置いておく。
●子どもがたくさん捕まえた喜びや観察する楽しさ、調べてわかった喜びなどを一緒に共有していく。

[園庭]

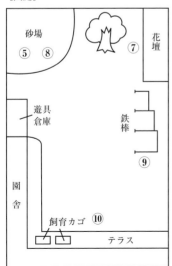

<かぶと虫・ちょうちょうの飼育>⑩
○毎日、飼育カゴをのぞいて様子を観察したり、積極的に世話をする。
○ちょっとした変化に気づいて喜んで実習生に伝えてくる。
★飼育の方法や成長する様子がわかる図鑑を手の届きやすい場所に置く。
★かぶと虫やちょうちょうに関係する絵本を用意する。
●子どもと一緒に世話をしたり、子どもの発見を聞く中で、子どもと一緒にその喜びを共有したり、成虫になる期待を膨らませていく。

<砂遊び>⑧
○裸足になって感触を楽しむ中で、砂場に穴を掘ったり、水を運んで泥にしながら遊ぶ。
★シャベルやスコップ・器など砂場道具を十分に用意する。
★終了時に足洗いのたらいやタオルなどを用意する。
●実習生も裸足になって一緒に遊びながら楽しさを共有する。

<鉄棒>⑨
○友達とあるいは一人で、逆上がりや前回りができるようになりたくて、繰り返し挑戦している。
○できなくて諦めようとする子どももいる。
★安全や挑戦する子どもの不安を和らげるため、鉄棒の下にマットを敷く。
★実習生が必ず鉄棒について、安全確保をして、しっかり援助ができる環境を整える。
●できるようになりたい気持ちを受け止めて、一人一人の様子に合わせて根気良く丁寧に援助をする。
●諦めてしまいそうな子どもには、小さな段階ができていることを言葉で認めて、成功に近づいていることを伝えていく。

活動提案型（一斉活動）の責任実習指導案

　指導案例①（本書 p.105 ～ 109）、指導案例②（本書 p.110 ～ 111）、指導案例③（本書 p.112 ～ 113）が**活動提案型（一斉活動）**の責任実習指導案です。責任実習にもさまざまなスタイルがあることは先に述べましたが、このスタイルで行われることが比較的多いようです。

長時間の保育の見通しをもち、ゆとりをもった時間配分を考えよう

　責任実習はそれまでに体験してきたさまざまな部分実習の集合体であると考えられます。したがって、責任実習の指導案も基本的には部分実習の指導案と同様に書けばよいということになります。ただし、一日ないし半日等、長時間の保育を担当する**責任実習では、長時間の中での時間の見通しを考えなくてはなりません**。子どもがゆったりと落ち着いて園生活を進めていくことができるよう、ゆとりをもって時間配分を考えたり、子どもの活動の様子によって時間の調整ができるようイメージしておきます。

　また、指導案例③では児童発達支援センターの半日実習の指導案例を掲載していますが、実習施設によっては部分実習のような短時間での責任実習を実施しているところもあります。施設実習では、障害のある子どもやさまざまな背景を抱える子どもも多くいることから、短時間の責任実習でも十分な見通しをもって行うことが大切です。

子どもの興味・関心、発達に合った活動を考えよう

　責任実習ではその日の中心となる活動が必ず入ってきます。部分実習の形ですでに経験している場合もあれば、責任実習ではじめて中心となる活動を経験することもあるでしょう。中心となる活動を実習生が考え提案して一斉活動として進めていく場合には、たとえ実習生が提案する活動であっても、その**活動が子どもの興味・関心、発達に合ったもの**でなくてはなりません。自分が好きだからとか、してみたいからという理由で活動を決めていくのでは保育になりません。指導案例①と②は、現在の子どもの姿を踏まえ、子どもの興味・関心、発達に合った内容となっています。指導案例③では、さまざまな年齢や障害がある子どもたちなどが参加することを考慮し、多様な子どもたちの姿を想定し、誰でも楽しむことができる活動となっています。

　また、責任実習の指導案を立案するとき、この中心となる活動にばかり力が入り、その他の計画がおろそかになってしまうことがよくあります。中心となる活動はとても大切ではありますが、**担当する時間すべて大切な保育を任されている**ことを認識し、指導案例①②③のように全体にわたり詳細に記載していくようにしましょう。

援助の意図を明確にし、留意点を具体的に書こう

　詳細に記載することは大切ですが、実習指導案は脚本ではありません。ときおり、脚本のように自らが行おうと考えている援助や言葉かけをすべて書き出している実習指導案を

目にすることがあります。責任実習で保育をどのように進めていくか、シミュレーションしておくことはとても大切ですが、あまりだらだらと書いているだけでは大事なポイントがわからなくなります。実習生の援助の欄には、援助の内容をわかりやすく要点をしぼって書くと共に、**援助の意図を明確にし、その留意点を具体的に書くようにしましょう。**

活動提案型（コーナー保育）の責任実習指導案

指導案例④（本書 p.114 ～ 117）と指導案例⑤（本書 p.118 ～ 119）が**活動提案型（コーナー保育）の責任実習指導案**になります。このスタイルの責任実習では、自由に遊ぶ中で子ども自らが提案する活動に参加するので、子どもの自発性がより尊重されることになります。また、クラス全体で行うよりも少人数で行うほうが向いている活動の場合に、このようなスタイルで保育するとよいでしょう。

提案する活動は、子どもの興味・関心、発達を踏まえて考えよう

活動提案型（一斉活動）と同様に、提案する活動は、当然ですが子どもの興味・関心、発達を踏まえて考えます。日々の保育の中での子どもの遊びの様子を観察し、**子どもたちが「楽しそう」、「やってみたい」と思えるような活動を提案**していくようにします。また、クラスの指導計画なども見せていただき、これまでの保育の流れやこれからの保育の見通しも踏まえて考えられるとよりよい責任実習になるでしょう。

提案の仕方を工夫しよう

このスタイルでは一斉に活動を進めていくのではなく、「やりたい」と思った子どもが自由に取り組みます。それだけに、**子どもが「やりたい」と思えるような働きかけが重要**になります。コーナーの設定の仕方を工夫し、このコーナーではどんなことができるのか、子どもが環境を見ただけでわかるようにし、「おもしろそう」とワクワクするような工夫を考えるとよいでしょう。また、コーナーでやって見せたりすることも、活動のイメージがわいてやってみたくなることでしょう。中には、やってみたくても自分から活動に入ってこられない子どももいます。指導案例③のように、そのような子どもへの配慮も忘れずに、一人ひとりへの働きかけをすることも必要です。

提案する活動以外の遊びの環境、援助も大事にしよう

このスタイルの実習指導案は、提案する活動以外にも、さまざまな環境のもとで好きな遊びに取り組めるところに特徴があります。提案する活動と同様にそれ以外の遊びも大切

です。**提案する活動以外の遊びも充実するような環境や援助もしっかり考えましょう。**

遊び発展型の責任実習指導案

　指導案例⑥（本書 p.120 ～ 121）は、子どもの自発的な遊びを中心に子ども一人ひとりの遊びが発展していくことを大事にした**遊び発展型**の実習指導案になります。実際に実施することはあまり多くありませんが、自発的な遊びを重視したこのようなスタイルの責任実習を実施する機会に恵まれたら、積極的に取り組みたいものです。このようなスタイルの実習指導案にもさまざまな形式があり、指導案例⑥はその一つの例です。指導案例⑥は環境図を中心におき、その環境の中で子どもがどのような遊びを展開していくかを予想し、その予想のもと必要な援助が考えられていく形式になっています。

前日までの子どもの姿をていねいに記していこう

　このスタイルの実習指導案では、**前日までの子どもの姿をていねいに記していくことが**特に必要です。子ども一人ひとりがどのようなことに興味をもち、どのような遊びをしたいと思っているのかを日々の遊びの様子から理解しておくことで、責任実習での子ども一人ひとりの遊びの様子が適切に予想できます。指導案例⑥のように、子ども一人ひとりの遊びの様子をていねいに記すことができるよう、日々の実習での子どもの観察や実習日誌への記録を大事にしましょう。

子ども一人ひとりの遊びの楽しさやつまずき、友達関係に着目しよう

　子ども一人ひとりが、**遊びの中で楽しんでいること、つまずいていることなどにも着目**しましょう。遊びをより楽しく発展するための援助、つまずきをどう支えていくかといった援助を考えることができるでしょう。**遊びの中での友達関係などにも着目**しておくと、子ども同士の関係性にも適切な援助を考えることができます。

Let's try　**責任実習の指導案を立案してみよう**
責任実習指導案を立案し、友達と立案した指導案のよい点や工夫したほうがよい点を話し合いましょう。

- -

STEP ①　４歳児クラスの２月の責任実習指導案を立案してみよう。

STEP ②　STEP ①で立案した指導案を友達と見比べて、お互いの指導案のよい点や工夫したほうがよいと思われる点などを話し合ってみましょう。

STEP ③　実習で配属されるクラス（決まっていない場合は担当してみたいクラス）の責任実習指導案を立案してみよう。実習先が決まっている場合は、実習時期の実習指導案を立案してみよう。

STEP ④　STEP ③で立案した指導案を友達と見比べて、お互いの指導案のよい点や工夫したほうがよいと思われる点などを話し合ってみましょう。

Part3

実習日誌から
実習指導案を立てよう

1 実習日誌と 実習指導案の関連性

実習日誌と実習指導案は、それぞれ独立した書類ではありますが、まったく関係のないものではありません。むしろ、大変関係の深い書類であるといえるでしょう。実習日誌と実習指導案にはどのような関連性があるのかあらためて確認しておきましょう。

記録から指導計画を考えてみよう

指導計画は、子ども（利用者）理解に基づいて作成することが基本です。このとき、子ども（利用者）理解の手がかりになるのが記録です。記録をとる作業そのものに子どもや利用者を理解する思考のプロセスがありますし、記録には子ども（利用者）の発達の状況や興味や関心をもって取り組んでいる活動の様子、友達とのかかわりの様子などが記されています。こうした記録を頼りに、子ども（利用者）理解に基づいた指導計画が立案されるのです。つまり、日々の記録の積み重ねから、指導計画へとつなげていきます。

これを実習生にあてはめると、記録が実習日誌、指導計画が実習指導案ということになります。実習生が立案する実習指導案も基本的には保育や施設の現場と同様です。**日々の記録である実習日誌をもとに子ども（利用者）理解を深め、子どもや利用者への理解に基づいた実習指導案を立案していくことが大切**です。記録から指導計画へとつなげる保育の営みを実習生も体験し学ぶことになるのです。

部分・責任実習に必要な情報源としての実習日誌

実習日誌には、子どもや利用者の記録だけでなく、保育者や職員の記録、実習生自身の学びの記録がたくさん詰まっています。これらの記録は、実習指導案の立案に大変役立つ情報といえるでしょう。保育者や職員の子どもや利用者への援助とその留意点や環境構成の実際を実習日誌から読み取り、実習指導案に生かしていくことができます。つまり、実習日誌は、部分・責任実習に必要な情報源なのです。部分・責任実習に役立つ情報の多い実習日誌ほどよい実習日誌といえるでしょう。

2 実習指導案の立案に生かす実習日誌とは

　実習日誌が実習指導案に生かせる重要な書類であることは理解できたと思います。それでは、どのような実習日誌ならば実習指導案に生かすことができるのか、具体的に考えていきましょう。部分・責任実習に取り組む上で、どのような情報が必要になるかを考えてみるとわかりやすいでしょう。幼稚園や保育所、認定こども園で必要な情報を見てみましょう。

部分・責任実習に必要な情報

- 園の基本的な生活の流れと大まかな時間配分
- 朝の会、帰りの会の基本的な進め方、環境設定
- 昼食のとり方、環境設定
- 当番活動の内容や方法
- クラスで取り組んでいる活動の様子（製作活動、運動遊び、ゲーム、その他）
- 子ども一人ひとりの発達の状況（基本的生活習慣、運動機能、言葉、人間関係等）
- 子ども一人ひとりの発達課題
- 子ども一人ひとりの興味・関心と遊びの様子
- 子どもの友達（人間）関係
- 子どもの好きな絵本や紙芝居など
- 子どもの好きな歌・手遊びなど
- さまざまな場面における保育者の援助とその留意点
- さまざまな場面における保育者の子どもへの言葉のかけ方
- さまざまな場面における環境構成
- その他

　他にもあげればきりがありませんが、おおよそ上記の情報は部分・責任実習を実施するにあたって知っておきたいことです。つまり、これらの具体的な情報が日々の実習の中で観察され、実習日誌に記入されていると、実習指導案の立案時に生かされるわけです。

　施設についても基本的には同様です。施設の一日の生活の流れ、子どもや利用者の生活の様子、職員の子どもや利用者へのかかわりの様子などをよく観察し、実習日誌に記録しておくと役立つことでしょう。

　では次ページより、幼稚園と保育所の実際の実習日誌と実習日誌を生かした実習指導案の実例を見ていくことにしましょう。どのような実習日誌の記述が実習指導案にどのように生かされているのかを確認してください。

POINT☞ 時間配分を参考にしよう。

| 6月6日（金）天気（ くもり ） | （4）歳児クラス（ きりん ）組 | 出席：男児（12）名／女児（11）名 欠席：男児（0）名／女児（0）名 | 指導者氏名（ ○○○○○ ） |

—— 中略 ——

時間	子どもの活動	保育者の援助	実習生の動きと気づき

—— 中略 ——

POINT☞ 椅子の並べ方や保育者の位置を確認しよう。

POINT☞ 集まりの際に予想される子どもの姿を参考にしよう。

時間	子どもの活動	保育者の援助	実習生の動きと気づき
9：50	○朝の会 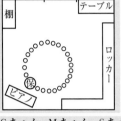 ・Cちゃん、Mちゃん、Sちゃんが喜んで保育者を手伝い椅子を並べる。	・手洗い、排泄をしている子どもたちの様子を見ながら、椅子を円形に並べる。 **POINT☞** 望ましい子どもの姿を指導案に反映しよう。 ・手洗い、排泄をすませて早く戻ってきた子どもたちに、椅子並べの手伝いをお願いする。	・一緒に手洗いをしながら、子どもたちの手洗い、排泄の様子を見る。 ＊円形に椅子を並べることで子ども同士の顔が見合えるようになっている。 ＊保育者の手伝いをすることは子どもたちにとって嬉しいことのようであった。
10：00	○着席 ・手洗い、排泄をすませた子どもから椅子に座る。 ・H君、K君は手洗い場で遊んでいて保育者に呼ばれてもなかなか着席しないでいる。 ○手遊び「一丁目の一番地」 ・保育者や友達と手遊びを楽しむ。 ・楽しそうな手遊びの様子にH君、K君も席につき、手遊びに参加する。	・椅子に座るよう子どもたちに言葉をかける。 ・着席しないで遊んでいるH君、K君に「朝の会が始まりますよ」と言葉をかける。 ・H君、K君の方を気にかけながら、楽しそうに手遊びを始める。 ・子どもたちのリクエストに応えてもう一度手遊びを楽しむ。	・子どもたちに言葉をかけ一緒に席につく。 ・H君、K君に「椅子に座ろう」と言葉をかける。 ・子どもたちと一緒に手遊びを楽しむ。 ＊活動に無理に誘わなくても、楽しそうなことをしていると子どもは自然と活動に参加するのだと思った。
10：05	○朝の歌「おひさまキラキラ」 ・椅子の前に立ち、「おひさまキラキラ」を元気に歌う。 ○当番の紹介 ・誰が呼ばれるか、楽しみにする。 ・当番のSちゃんとL君が呼ばれて嬉しそうに前に立つ。	・子どもに立つように言葉をかける。 ・子どもたちの顔を見ながら様子に合わせてピアノ伴奏をする。 **POINT☞** ピアノの伴奏の仕方を参考にしよう。 ・「今日のお当番さんはSちゃんとL君です」と当番表を確認しながら、当番を前に呼ぶ。	・子どもたちと一緒に歌う。 ＊子どもたちはみんな、当番を楽しみにしているようだった。 ＊当番表を一緒に見ることで自分の順番も楽しく待てるのだと思った。
10：10	○朝の挨拶 ・当番が恥ずかしそうに挨拶をする。 ・当番の後に続いて元気に「おはようございます」と挨拶する。 ○出席確認 ・呼ばれた子どもは手を上げて返事をする。恥ずかしそうに小さな声で返事をする子どももいる。 ○今月の歌「とけいのうた」 ・ピアノ伴奏に合わせて楽しそうに歌う。	・当番に挨拶のタイミングがわかるよう合図する。 ・子どもたちの顔を見ながら笑顔で明るく挨拶をする。 ・子どもの名前をゆっくりと呼ぶ。 ・一人一人と目を合わせ、子どもの返事を笑顔で受け止める。 **POINT☞** 出席確認の援助を参考にしよう。 ・子どもたちの様子に合わせながらピアノを伴奏する。	＊保育者は笑顔で気持ちの良い挨拶を大事にしているのだと思った。 ＊保育者は出席をとりながら子ども一人一人の様子を見ているようであった。 ＊返事の仕方も一人一人個性があると思った。 ・子どもたちと楽しんで歌を歌う。

POINT☞ 環境構成の工夫を指導案に生かそう。

POINT☞ なかなか着席しない子どもへの援助のポイントを参考にしよう。

POINT☞ 保育者が大事にしていることからねらいを考えよう。

—— 中略 ——

日時	○○ 年 6 月 10 日 火 曜日	実習生氏名	○○○○

クラス名	きりん 組（ 4 歳児）	在籍	男児 12 名・女児 11 名　　計 23 名

担任名	○○○○ 先生

＜現在の子どもの姿＞
・4月から2か月が経ち、新しい環境にも慣れて友達と楽しそうに遊ぶ姿が見られる。友達との遊びが楽しく、集まりの時になかなか集まってこない子どももいる。
・朝の会では、手遊びや歌をクラス全員で楽しむ姿がある。
・保育者の手伝いを喜んで行う姿がある。5月中旬より始まった当番活動を楽しみにしている子どもが多く、当番の順番を楽しみにしている。

＜ねらい＞
○実習生や友達と気持ちの良い挨拶・返事をする。　POINT ①
○クラスの友達と手遊びや歌を楽しみ、一日の始まりを楽しい気持ちで迎える。

＜内容＞
○朝の会（手遊び、歌、挨拶、出席確認、当番確認）に参加し一日の活動に期待を持つ。

時間	環境構成	予想される子どもの姿	実習生の援助と留意点
9:50　POINT ②	＜朝の会＞ 棚／テーブル／ロッカー／ピアノ（円形に椅子配置）	○手洗い、排泄 ・自分のペースで手洗い、排泄をする。 ・椅子並べを手伝う。	・手洗い、排泄は一人一人のペースでじっくりできるよう見守り、必要に応じて援助する。 ・椅子並べを手伝ってくれた子どもには「ありがとう」とお礼を述べ、手伝うことの喜びが感じられるようにする。 ・手洗い、排泄をすませた子どもから椅子に座るよう言葉をかける。
10:00	・子ども同士の顔が見合えるよう椅子を円形に並べる。　POINT ③ ・楽譜「おひさまキラキラ」、「とけいのうた」を用意しておく。	・友達との遊びに夢中でなかなか椅子に座らない子どももいる。 ○手遊び「大工のきつつきさん」　POINT ④ ・実習生を真似ながら手遊びを楽しむ。 ・もう1回やりたいとリクエストする子どももいる。 ○朝の歌「おひさまキラキラ」 ・椅子の前に立ち、「おひさまキラキラ」を元気に歌う。	・楽しく手遊びを始め、参加したくなる雰囲気を作る。 ・子どものリクエストに応え、子どもたちと一緒に手遊びを楽しむ。 ・子どもたちの顔を見ながら様子に合わせてピアノを伴奏する。
10:05 10:10	・出席簿を用意しておく。	○当番の紹介 ・誰が呼ばれるか、楽しみにする。 ・当番は嬉しそうに前に立つ。 ○朝の挨拶 ・当番が「おはようございます」と挨拶をし、その後に続いて全員で挨拶する。 ○出席調べ ・呼ばれた子どもは手を上げて返事をする。恥ずかしそうに小さな声で返事をする子どももいる。 ○今月の歌「とけいのうた」 ・ピアノ伴奏に合わせて楽しそうに歌う。	・当番表を子どもたちと確認しながら、当番の子どもを呼び紹介する。 ・当番が挨拶しやすいよう合図する。 ・気持ちの良い挨拶ができるよう笑顔で明るく一緒に挨拶する。 ・子どもの名前をゆっくりと呼ぶ。 ・一人一人と目を合わせ、子どもの返事を笑顔で受け止める。　POINT ⑤ ・子どもたちの顔を見ながら様子に合わせてピアノを伴奏する。

【実例①】の実習日誌から実習指導案立案のポイント

　【実例①】は幼稚園の部分実習で「朝の会」（4歳児）を担当することになった際の参考となる実習日誌と、その実習日誌を参考にして実際に作成した実習指導案です。「朝の会」を部分実習で実施することはよくあります。日々の実習の中で「朝の会」の様子をよく観察し、実習日誌に記録することを意識しておくと、以下のように実習日誌を生かして実習指導案が立案しやすくなります。

➡ POINT ①　　「朝の会」で保育者が大事にしていることを理解しよう

　毎日の「朝の会」で保育者が大事にしていることはどのようなことなのでしょうか。そのことが部分実習のねらいにつながります。実習生の動きと気づきの欄を見てみましょう。「保育者は笑顔で気持ちの良い挨拶を大事にしているのだと思った」と考察が書かれています。また、保育者の援助の欄には「……子どもの返事を笑顔で受け止める」とあります。これらの記録から、「朝の会」で保育者は、子どもたちが保育者や友達と気持ちのよいあいさつや返事をすることを大事にしていることがわかります。このように、日々の「朝の会」で大事にしていることを部分実習のねらいにしていくとよいでしょう。この場合、「実習生や友達と気持ちの良い挨拶・返事をする」というねらいを立てることができます。

➡ POINT ②　　「朝の会」の進め方を確認しよう

　「朝の会」のように毎日繰り返される生活の場面では、何か特別な理由がない限り、日々行われている流れを大切にしながら進めていくことが求められます。したがって、毎日、保育者がどのような流れで朝の会を進めているのか、具体的に理解しておくことが必要です。毎日の実習の中でしっかりと観察し、そのことが実習日誌の中に記録されていると部分実習のときに参考になるでしょう。

　「朝の会」は、朝の歌からはじまるのか、それともあいさつが先か、当番の紹介はどのタイミングで行うのかなど、さまざまな進め方があると思いますが、不用意に子どもたちを混乱させないためにもそのクラスで毎日行われている順番で進めていくことが大切です。あいさつ一つをとっても、この実習日誌には「当番の後に続いて元気に"おはようございます"と挨拶する」と具体的に記録してあるので、当番が先にあいさつをしてから、その後に続いて他の子どもたちが一斉にあいさつをすることがわかりますし、当番があいさつをしやすいように当番のあいさつの前には保育者が「当番に合図をして挨拶」を促していることもわかります。

➡ POINT ③　　「朝の会」の環境構成を確認しよう

　「朝の会」では子どもたちをどのような体勢で集めたらよいのでしょうか。ござや

じゅうたんの上に直接座るのか、椅子に座るのか、椅子の場合にはどのように並べたらよいのか、「朝の会」の環境構成が日々どのようになされているのかを実習日誌の記録から確認しましょう。

　実習日誌の記録を見てみると、「朝の会」の環境構成が日によって異なることもあるでしょう。なぜ異なるのか、「朝の会」の後の活動まで実習日誌をよく見てみるとわかるかもしれません。その日、予定している「朝の会」の後に続く活動がしやすいように「朝の会」の時点から環境を整えておくことがあります。このようにその日の活動の予定によって「朝の会」の環境が変わることもありますが、部分実習ではその日に特別な予定がなければいつもの「朝の会」の環境構成を参考にして実習指導案に書くようにしましょう。

　さらに、この実習日誌には「円形に椅子を並べることで子ども同士の顔が見合えるようになっている」と、「朝の会」の環境構成の意図が考察されています。このような記録があると、実習指導案の環境構成の参考になります。実習指導案にはただ椅子の並べ方を書けばよいのではなく、その環境の意図も考えられていることが大切です。

➡ POINT ④　子どもの姿から子どもの動きを予想し、援助を考える

　「朝の会」やその前後で子どもたちがどのような姿を見せるのか、日々の子どもたちの姿の記録があると参考になります。この実習日誌には、集まりの前に「H君、K君は手洗い場で遊んでいて保育者に呼ばれてもなかなか着席しないでいる」という子どもの姿が記録されていることで、実習指導案には「友達との遊びに夢中でなかなか椅子に座らない子どももいる」と子どもの姿が具体的に予想できています。また、そのことで、そうした子どもへの援助についても実習日誌に記録された保育者の援助を参考にしながら、実習指導案に実習生の援助と留意点として「楽しく手遊びを始め、参加したくなる雰囲気を作る」と書くことができました。

➡ POINT ⑤　出席確認の際の留意点を確認しよう

　保育者の一つひとつの行為にはさまざまな配慮や留意があります。出席確認をするときにはどのようなことに配慮したり、留意したらよいのでしょうか。実習日誌の中にこうしたさりげない保育者の配慮点、留意点が記録されていると、実習生の援助を考える上での参考になります。

　この実習日誌には、保育者の援助の記録として、出席確認の際には「子どもの名前をゆっくりと呼ぶ」、「一人一人と目を合わせ、子どもの返事を笑顔で受け止める」と書いてあります。このことはそのまま実習指導案の実習生の援助と留意点の欄に書いておきたい大切なことです。

2 月 12 日（火） 天気（ 晴　れ ）	（ 1 ）歳児クラス （ ひよこ ）組	出席：男児（ 8 ）名／女児（ 6 ）名 欠席：男児（ 0 ）名／女児（ 0 ）名	指導者氏名 （ ○○○○○ ）

〜〜〜〜〜〜〜〜〜〜〜〜〜〜中略〜〜〜〜〜〜〜〜〜〜〜〜〜〜

時間	子どもの活動	保育者の援助	実習生の動きと気づき

〜〜〜〜〜〜〜〜〜〜〜〜〜〜中略〜〜〜〜〜〜〜〜〜〜〜〜〜〜

時間	子どもの活動	保育者の援助	実習生の動きと気づき
12：00 12：30	○排泄・着替え ・おまるやトイレを使って排泄をする。 ・時間はかかるが「自分で」とやりたがる姿が多く見られる（F児、K児、J児、S児など）。 ・着替えをすませた子どもから、保育者と絵本を楽しむ。 （室内配置図） 棚・絵本／食事スペース／午睡スペース／長椅子⑭／着替えスペース／棚／トイレ／遊びスペース ○紙芝居「よいしょよいしょ」 ・何の紙芝居が始まるのか、わくわくと期待を持っている。 ・「よいしょよいしょ」という言葉の繰り返しのところでは、声を合わせて一緒に「よいしょよいしょ」と言うことを楽しんでいる。 ・紐の先に何がつながっているのかを予想して答えたり、予想した通りの物が出てくることを喜ぶ。 ・紙芝居が楽しく、終わっても「もう一回」と声をあげる。	・「チーでたね」とおまるやトイレで排泄をする気持ち良さを受け止める。 ・着替えやすいように服をおいたり、さりげなく手伝いながら、「自分で」できたと子どもが感じられるよう援助する。 **POINT** 援助のポイントを押さえておこう。 ・着替えを終えた子どもから、絵本コーナーへ移動し、子どもたちと絵本を見る。 ・紙芝居が見られるよう、椅子を並べ、椅子に座るよう言葉をかける。 ・「今日は紙芝居です」と子どもたちの興味をひくように紙芝居を出す。 ・子どもたちの反応を見ながら紙芝居を演じる。 ・子どもたちと一緒に「よいしょよいしょ」とかけ声を楽しめるようにする。 ・紐の先につながっている物が何かを当てて楽しめるよう、紙芝居を抜くタイミングを工夫する。 **POINT** 演じるときのポイントを押さえよう。 ・「また見ようね」と子どもの楽しかった気持ちを受け止める。	・「シー、シー」と言葉をかけ子どもが排泄しやすいようそばで見守る。 ・子どもの着替えを手伝う。 ＊2歳の誕生日を迎えた子どもたちは自我がはっきりとし「自分で」と着替えることを主張していた。 ・子どもが見たい絵本を一緒に楽しむ。 ＊食後、絵本を楽しみゆったりと過ごせるようにしていた。 ・椅子を並べるのを手伝う。 ・「どんな紙芝居だろうね」とわくわくしている子どもたちの気持ちを受け止める。 ・子どもと一緒にかけ声をかけながら紙芝居を楽しむ。 ＊保育者と一緒にかけ声をかけたり、何が出てくるかを予想するなど、紙芝居を見るだけでなく、参加して保育者とのやりとりを楽しんでいるようであった。 ＊子どもの楽しかった気持ちを保育者が受け止めることで、子どもは満足感を得ているようであった。

POINT 基本的な生活習慣の発達の様子を把握しておこう。

POINT 着替え、午睡の環境を確認しよう。

POINT 食後の過ごし方の留意点を参考にしよう。

POINT 子どもが紙芝居で楽しんでいることを押さえておこう。

〜〜〜〜〜〜〜〜〜〜〜〜〜〜中略〜〜〜〜〜〜〜〜〜〜〜〜〜〜

2 月 13 日（水） 天気（ 晴　れ ）	（ 1 ）歳児クラス （ ひよこ ）組	出席：男児（ 8 ）名／女児（ 6 ）名 欠席：男児（ 0 ）名／女児（ 0 ）名	指導者氏名 （ ○○○○○ ）

〜〜〜〜〜〜〜〜〜〜〜〜〜〜中略〜〜〜〜〜〜〜〜〜〜〜〜〜〜

実習の体験と学び

　今日は午前中、散歩に出かけました。園外に出かける子どもたちの姿を初めて見ましたが、園内にはない様々なものに子どもたちは興味を示していました。道路を歩いているだけでも、すれ違う人や犬、お店屋さんなど、興味あるものの前で立ち止まり、指差しをして保育者に働きかけていました。先生方はその都度子どもの働きかけに対し、「わんちゃん、かわいいね」、「○○あるね」と共感し、丁寧に関わっていました。（…中略…）○○公園では、電車が見える場所が子どもたちのお気に入りのようで、電車が通り過ぎるのを見ては「エンチャ、エンチャ」、「ガタン、ガタン」と興奮して喜んでいる姿がありました。（…以下略…）

POINT 子どもの興味を把握しておこう。

〜〜〜〜〜〜〜〜〜〜〜〜〜〜中略〜〜〜〜〜〜〜〜〜〜〜〜〜〜

日時	○○ 年 2 月 18 日 月 曜日	実習生氏名	○○○○

クラス名	ひよこ 組（ 1 歳児）	在籍 男児 8 名・女児 6 名　　計 14 名

担任名	○○○○先生　　○○○○先生　　○○○○先生

＜現在の子どもの姿＞

・着替えなど、時間がかかっても「自分で」と自分でやりたがる姿があり、自分でできることへの喜びを感じている。

・午睡前、保育者に読んでもらう絵本や紙芝居を楽しみにしている。絵本や紙芝居では繰り返しの言葉を一緒に言ったり、保育者とのやりとりを楽しむ姿がある。

・乗り物の絵本を持ってきて保育者と一緒に見たり、散歩では公園から電車を眺めることを喜んだりなど、乗り物に興味を持っている。　　**➡POINT ①**

＜ねらい＞

○排泄や着替えなど、自分なりにできたことの喜びを感じる。

○紙芝居「がらがらでんしゃ」を通して、言葉の面白さを味わう。

＜内容＞

○保育者に手伝ってもらいながら、自分で着替えようとする。

○紙芝居「がらがらでんしゃ」を楽しむ。

時間	環境構成	予想される子どもの姿	実習生の援助と留意点
12：00	棚・絵本 午睡スペース ○○○○○○○○ 長椅子 ㊢ 食事スペース 着替えスペース 棚 トイレ 遊びスペース	○排泄・着替え ・おまるやトイレで排泄をする。 ・時間はかかるが「自分で」着替えたがる姿が多く見られる。 **➡POINT ②**	・安心して排泄ができるよう見守ったり、排泄ができた時は気持ち良さが感じられるような言葉かけをする。 ・着替えやすいように服をおいたり、できないところはさりげなく手伝ったりして、子どもが自分で着替えられた喜びを感じられるようにする。
12：30	・換気をして気持ち良く眠れる環境を作る。 ・紙芝居が見やすいように椅子を並べる。 ・紙芝居「がらがらでんしゃ」を用意する。	・自分なりにできた時は、心から満足する。 ・着替えをすませた子どもから、保育者や実習生と絵本を楽しむ。 ○紙芝居「がらがらでんしゃ」 ・電車の紙芝居を見て喜ぶ。 ・「がたごとがたごと」「がらがらがらがら」等の場面では、一緒に声を合わせて楽しむ。 ・電車の「がたごとがたごと」のところでは電車の揺れに合わせて体を動かすなどの表現を楽しむ。 ・「もう1回」と楽しかった気持ちを表現する。	・子どもが自分でできた姿を認め、子どもの喜びに共感する。 ・食後、ゆったりと過ごせるよう、子どもの好きな絵本を一緒に見て楽しむ。 ・「紙芝居を見ましょう」と、子どもたちを椅子へ案内する。 ・「今日はどんな紙芝居かな」と子どもが興味を持てるようにする。 ・「がたごとがたごと」「がらがら」などの擬声語はリズミカルに楽しく演じると共に、子どもも一緒に声を合わせて言葉の楽しさを味わえるようにする。　**➡POINT ③** ・子どもの反応を見ながら、紙芝居を抜いたり、紙芝居を動かして電車の揺れを表現したりして演じる。 **➡POINT ④** ・子どもの楽しかった気持ちを受け止め、次につなげるようにする。

Part 3 実習日誌から実習指導案

133

【実例②】の実習日誌から実習指導案立案のポイント

【実例②】は保育所の部分実習で「昼食後〜午睡前」（1歳児）を担当することになった際の参考となる実習日誌と、その実習日誌を参考にして実際に作成した実習指導案です。「昼食後〜午睡前」も部分実習でよく担当する時間帯です。実習日誌のどこに着目して実習指導案の立案に生かしていけばよいのか具体的に見ていきましょう。

➡ POINT ① 昼食後〜午睡前の過ごし方を確認しよう

部分実習で担当する昼食後から午睡前の過ごし方を実習日誌の記録から確認しておきましょう。実習日誌の記録を見てみると、昼食が終わる時間帯は12時ころで、排泄、着替えをすませた後、絵本コーナーで絵本を見てゆったりと過ごせるようにしていることがわかります。その後は、クラスのみんなで一緒に紙芝居を見る時間がとられています。紙面の都合上、実例には載せきれませんでしたが他の日の実習日誌も併せて確認すると、紙芝居の他に絵本やパペット、ペープサートなどのお話をクラスで楽しんでいます。このように部分実習を担当する時間帯に子どもたちが毎日どのようにして過ごしているのかを実習日誌から把握し、実習指導案に反映させます。

この実習生は、日々の生活の流れを参考に、昼食後は排泄・着替えとし、その後は思い思いにゆったりと絵本を見て過ごし、午睡前にはクラスのみんなで紙芝居を見る、という流れを考えて実習指導案を立案しています。

➡ POINT ② 基本的な生活習慣の発達の姿をとらえよう

昼食後から午睡前の時間帯は、排泄や着替えがあります。こうした基本的な生活習慣にかかわる場面では、実習日誌の記録から子どもの基本的な生活習慣の発達の姿をとらえておきましょう。この実習日誌には、「時間はかかるが「自分で」とやりたがる姿が多く見られる。（F児、K児、J児、S児など）」と記録されています。こうした記録があれば、子ども一人ひとりの発達に応じて必要な援助も考えておくことができるでしょう。

この実習日誌には、さらに保育者の援助として「着替えやすいように服をおいたり、さりげなく手伝いながら「自分で」できたと子どもが感じられるよう援助する」と大事なポイントが記録されています。このように保育者がどのように援助しているのかをよく観察し具体的に記録しておくと、実習指導案の実習生の援助と留意点にそのまま生かすことができます。

➡ POINT ③ 子どもの興味を把握しよう

子どもたちが紙芝居を楽しむことを計画したなら、具体的に子どもたちにどんな紙芝居を見せたらよいのかを考えなくてはなりません。実習生自身が大好きな紙芝居、子どもたちにぜひ見せたいと思う紙芝居を選択することも大切ですが、それよりもま

ずは子どもたちがどんな紙芝居を見たいのか、子どもの思いに心を寄せ、子どもを主体として紙芝居の選択をすることが求められます。

　実習日誌の記録の中で子どもたちが紙芝居を楽しんでいる場面をピックアップしてみるとよいでしょう。この実習日誌を見てみると、「紙芝居を見るだけでなく、参加して保育者とのやりとりを楽しんでいる」と記録されています。こうした記録を踏まえて、部分実習では一緒にかけ声をかけるなど参加して楽しめる紙芝居が選択され、実習指導案には「子どもも一緒に声を合わせて言葉の楽しさを味わえるようにする」といった援助が考えられています。また、別の日の実習日誌には、「……電車が通り過ぎるのを見ては「エンチャ、エンチャ」、「ガタン、ガタン」と興奮して喜んでいる姿がありました」と記録されています。このように、実習日誌には子どもたちの記録がたくさん書かれています。その中から子どもの興味を把握することで、子どもの興味に合った紙芝居を選択することができます。この場合は、散歩の途中の子どもたちの姿から、子どもたちが大好きな電車を題材とした紙芝居を選択することができました。きっと大好きな電車の紙芝居を子どもたちは喜んで見てくれるでしょう。

➡ POINT ④　紙芝居を演じるときのポイントを学び取ろう

　紙芝居を演じるときにどのようなことに留意したらよいのでしょうか。このことも実習日誌の保育者の援助の記録からヒントを得ることができるでしょう。この実習日誌には、「子どもたちの反応を見ながら紙芝居を演じる」、「……紙芝居を抜くタイミングを工夫する」と記録されています。紙芝居を演じるときの重要なポイントです。保育者の姿から学び取り、実習日誌に記録しておいたことを、この実習指導案のように生かしていきましょう。

---

column　絵本や紙芝居などの活動時の子どもの座り方

　みんなで楽しむ絵本や紙芝居の活動の際、子どもたちの座り方もいろいろと考えることができます。子どもたちの座り方のメリット・デメリットを理解し、行う活動やその前後の活動などに合わせて、実習指導案に生かしていきましょう。

	メリット	デメリット
椅子席（シアター形式）	自分の場所が決まっており集中しやすい。	椅子を運ぶことで活動がさえぎられる。
床に座る	場所を設定する手間が省ける。子どもと絵本などとの距離が近い。	自分の場所がはっきりしないため、低年齢児は座る場所でトラブルになりやすい、後ろのほうの子どもは集中しにくい。
テーブル席	昼食前、机上での製作前などはスムーズに次の活動に移ることができる。	絵本までの距離ができるので、小さい絵本などは不向きになる。

3 多様な実習日誌と 実習指導案への生かし方

保育におけるさまざまな記録

　保育は、子どもが自ら主体的に活動し、育ちに必要な経験を積み重ねていくことを支える営みです。保育者に教え導かれて子どもが活動するのではなく、子どもの主体的な活動を通して、非認知能力（次頁 column 参照）を身につけることの重要性が近年、特に注目されています。**子ども主体の活動と学びを支えるためには、子どもが日々どのようなことに関心をもって、どのようなことに取り組んでいるのか、その中で日々育ち学んでいる子どもの姿を理解することが必要です。こうした姿を理解するために記録が重要になります。**

　近年保育現場では、子ども一人ひとりの理解を深め、子ども主体の保育を実現するために、実習記録でもよく用いられている時系列型の記録やエピソード記録に加え、写真つきの記録や環境図を活用した記録など、さまざまな記録が見られるようになりました。実習でも、こうした記録にチャレンジする機会が少しずつ増えてきています。ここではその実際や記録する際のポイント、実習指導案との関連について確認しておきましょう。

写真つきの記録

　写真つきの記録は、言葉では表しにくい活動の雰囲気や子どもの様子を伝えることができるよさがあります。そのため、保育者間での保育の共有や振り返りに活用されたり、保護者に子どもや保育の状況を伝えるツールとして活用されたりすることが多いものです。主なものに、**ドキュメンテーション**、**ラーニングストーリー**、**ポートフォリオ**と呼ばれるものがあります。

ドキュメンテーション	イタリアの幼児教育「レッジョ・エミリア」による写真や動画等を用いた記録。保育者をはじめ保護者や地域の人とその記録を共有し、対話を通して子どもの学びの意味や価値を見出すことが重視される。世界中に広がり、日本でもドキュメンテーション記録を活用する園が増えている。
ラーニングストーリー	ニュージーランドの幼児教育「テファリキ」等で活用されている写真つきの記録。学びの物語といわれ、子どもの学びを見取る視点が示されている。子どもの育ちを「できる・できない」という視点でとらえるのではなく、子どもの興味や気持ちに目を向け肯定的にとらえる点が特徴。
ポートフォリオ	写真と文章による子どもの育ちや学びの記録。記録を蓄積し、子ども一人ひとりの育ちをファイル等にまとめたもの。子どもの育ちのプロセスを保護者と共有するツールとしても活用される。

136

● ドキュメンテーション型の実習日誌

　写真を活用したドキュメンテーション型の実習日誌は、ただ写真をアルバムのように貼りつければよいのではありません。写真を撮って「○○をしていました」と活動を羅列するだけでは学びが深まらないでしょう。日々実習の課題をもって保育を観察し、観察したことについて気づいたことや感じたことを記録することは、他の記録と変わりません。

➡ POINT

● 心動かされる子どもの姿や場面を写真に撮りましょう。

　・子どもがおもしろがったり、何かに夢中になって遊んでいる姿

　・子どもがむずかしいことにチャレンジしたり、試行錯誤して乗り越えようとしている姿

　・一人ひとりのよさが発揮されている場面

● その場面の意味を考えて文章を添えましょう。

　・何に心を動かしているのか、どのような気持ちなのか、子どもの内面をとらえましょう。

　・子どもにとっての経験の意味や育ちについて考えましょう。

➡ 留意点

● 写真を撮ることに集中しすぎないようにしましょう。

　よい写真を撮ろうとレンズ越しに子どもを追いかけていると、かえって心動かされる場面に出会いにくくなります。子どもの心に寄せて、子どもと一緒に過ごすことを楽しみましょう。自らもいきいきと過ごすことで、いきいきとした子どもの姿に出会うことができます。

● 写真は重要な個人情報になるので、写真データの取り扱いには留意しましょう。

　許可なく外部にもち出したり、SNS上に公開することは厳禁です

➡ 実習指導案への生かし方

　ドキュメンテーション型の実習日誌は、子ども一人ひとりの興味や育ちの理解が深まります。実習指導案の立案時、提案する活動の内容や子ども一人ひとりに応じた援助の留意点を考える際に、役立てることができるでしょう。ドキュメンテーション型の記録も時系列の記録と同様に実習指導案へとつなげていくことが大切です。

---

column　　非認知能力とは

　非認知能力とは、IQのように数値では測定できない能力のことで、ねばり強くがんばる力や感情をコントロールする力、他者と協力して物事に取り組む力などのことです。幼児期に顕著に発達し、児童期、思春期に伸びていきます。非認知能力の重要性は、ノーベル経済学賞を受賞したジェームス・ヘックマンの研究が有名です。ヘックマンは、就学前の教育において非認知能力を育成することが、その後の学力や社会的生活によい影響をもたらすことを縦断的調査によって明らかにしました。

POINT ☞
子どものつぶやきを拾い、子どもの思考を読み取ろう。

POINT ☞
撮影した写真を表すタイトルをつけよう。

POINT ☞
子どもが興味をもって向けている視線や働きかけに着目しよう。その中で感じていること、発見したこと、気づいたことを書き表してみよう。

ドキュメンテーション型の実習日誌例

ダンゴムシ集めたい！

「ここにいるよ！」
「やっぱり」
「ほんとだ」
ダンゴムシの居場所を予測

「たくさんあつめよう」
「あれ？　いろんなダンゴムシがいるね！」
ダンゴムシの大きさや色の違いに気づく

よーく見たり触ったり
不思議がいっぱい
「なんでまるまらないの？」
「びょうきかな？」

　今日は、ダンゴムシ探しに夢中になっているAくん、Bくんに惹きつけられ思わず姿を追って観察しました。AくんもBくんもダンゴムシがどこにいるのかよくわかっているようで、落ち葉やプランターの下を覗いては「いた！」とうれしそうにケースの中にたくさん集めることに夢中になっていました。

　はじめはダンゴムシを眺めて、「大きいね」「お父さんダンゴムシ」と、大きさなどの違いに気づく姿もあり興味を深めている姿がありました。しだいに触って遊び始め、ダンゴムシをつぶしてしまわないか心配して見ていましたが、そっと触ったり、「おなかすいてるかな？」と優しく関わる姿があり、小さな生き物への親しみや優しさが育まれていることがわかりました。そうしているうちに、さわっても丸まらないダンゴムシがいることを見つけたBくんは「なんで？」と不思議そうに何度も試していました。Aくんと、「びょうきなのかな？」と心配そうに覗き込んだり、「ごはんを探そう」「何をたべるのかな」とダンゴムシへの興味を膨らませていきました。そんな様子を見ていたCくんも虫図鑑をもってやってきて、ダンゴムシの生態調べが始まりました……。

環境図型記録・Webマップ型記録

　環境図型記録とは、「保育マップ型記録」「保育マップ」などさまざまな名称が用いられていますが、保育環境図に子どもの遊びの様子を書き込んでいくものです。子どもが環境とのかかわりの中で生み出していく遊びの様子をていねいにとらえていくことができる記録です。**Webマップ型記録**とは、子どもの経験や活動の内容を構造的にとらえ、それらのつながりをくもの巣状（Webマップ）に図式化して記録していくものです。子どもの経験、遊び・活動間のつながりや広がりを俯瞰的にとらえやすい記録です。いずれの記録も指導計画へとつなげやすく、保育現場では環境図型・Webマップ型の指導計画の中に記録を書きこんでいく記録と計画が一体となったものがよく見られます。

環境図型の実習日誌

　環境図型の実習日誌は、どのような環境があるかを記録するだけでなく、その環境の意味を考えながら、子どもがどのようにその環境にかかわって遊んでいるかをとらえて記録していくことが大切です。

➡ POINT

● どのような保育環境が構成されているのかをよく観察しましょう。

環境は図でわかりやすく記録し、図では書き表せないことは文字を書き加えます。

● 環境に子どもがどのようにかかわり遊んでいるか、その様子を書き込んでいきましょう。

子ども一人ひとりの様子をていねいに観察し、具体的に記録するとよいでしょう。

➡ 留意点

● 環境全体をとらえる視点と一つひとつの遊びの様子をじっくり見る視点をもちましょう。

子どもの遊びに参加することで遊びの様子がより具体的に見えてきます。子ども全体の遊びの様子をとらえることを意識しながらも、一つひとつの遊びに参加しその様子をじっくり観察しましょう。

➡ 実習指導案への生かし方

遊び発展型の指導案（本書 p.120 参照）を作成する際は、どのような環境を構成し、その中で子どもがどのような遊びを展開していくかを予想するので、環境図型の実習日誌が活用されます。時系列型の実習指導案の中でも、好きな遊び場面の環境構成や援助を考える上で役立てることができるでしょう。

環境図型の実習日誌例

（T太、K介、R奈、C子）
どんぐり・まつぼっくりをつかって料理づくりを楽しむ姿があった。料理が並ぶと、「パーティーにしよう！」と実習生や他の子どもたち誘ってパーティーごっこが始まった。

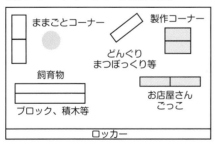

- ままごとコーナー
- 製作コーナー
- どんぐり まつぼっくり等
- 飼育物
- ブロック、積木等
- お店屋さんごっこ
- ロッカー

（N美、M菜、K子、F代）
昨日、園外保育で拾ってきたどんぐり・まつぼっくりをつかって、アクセサリーづくりを楽しんでいた。M菜がモールを使って指輪を素敵につくったのを見て他児も真似をして指輪をたくさんつくっていた。

保育者が「たくさんできたから、お店屋さんができそうね」と声をかけた。

（N美、M菜）
どんぐりのアクセサリーをお店屋さんで売ってほしいと、もっていく。

（H士、S介、U夫）
昨日の続きをしようと、はりきって年少児クラスにお客さん呼びに行く。異年齢で楽しむ姿があった。

> **➡ POINT**
> 子ども一人ひとりの遊びの様子を具体的に書き込もう。保育者の働きかけも記録するようにしよう。

🔵 Web マップ型の実習日誌

Web マップ型の実習日誌では、子ども一人ひとりの遊びがどのように変化していくかをとらえて記録していくことが大切です。

● POINT

● 子ども一人ひとりの遊びの様子を点でなく、時間の経過とともに観察しましょう。

　一つの遊びをよく観察すると、遊び仲間や遊びの内容が少しずつ変化していきます。そうした変化をとらえるようにしましょう。

● 一つひとつの遊びや活動のつながりと広がりをとらえて図示しましょう。

　時間経過の中でそれぞれの遊びが発展していきます。また、複数の遊びが同時進行で展開されています。時間経過の中でのつながり、同時進行の中でのつながりをとらえましょう。

● 留意点

● 一つひとつの遊びをていねいにとらえるとともに、俯瞰して全体をとらえる視点をもちましょう。

　バラバラに見える遊びや活動の中に、俯瞰的に見ることでつながりが見えてきます。

● 実習指導案への生かし方

　子どもの遊びをていねいにとらえていく記録なので、子どもの興味・関心を記録の中で把握し実習指導案に生かすことができるでしょう。

Web マップ型の実習日誌例

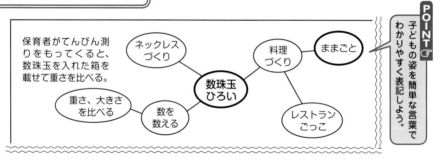

保育者がてんびん測りをもってくると、数珠玉を入れた箱を載せて重さを比べる。

ネックレスづくり

数珠玉ひろい

重さ、大きさを比べる

数を数える

料理づくり

ままごと

レストランごっこ

POINT ☞ 子どもの姿を簡単な言葉でわかりやすく表記しよう。

Let's try ── 実習日誌の記録から部分実習指導案を立案してみよう ──

すでに実習経験があり実習日誌がある場合は自分の実習日誌から、ない場合は本書掲載の実習日誌例から部分実習指導案を立案してみましょう。

STEP ①　すでに実習経験があり実習日誌の記録のある人は自分の実習日誌から（特定の一日でなくても数日分の記録でもよいでしょう）、ない人は本書に掲載されている実習日誌例から部分実習指導案を立案しようと思う実習日誌を選びましょう。

STEP ②　選んだ実習日誌の記録から、部分実習指導案を立案してみましょう。

本書参考文献一覧

（著者五十音順）

● 阿部和子・増田まゆみ・小櫃智子編『最新保育講座 13 保育実習［第 2 版］』ミネルヴァ書房、2014年

● amico『おはなしいっぱい！　楽しい手袋シアター』新星出版社、2020 年

● NPO 法人東京都公立保育園研究会『子どもに人気のふれあいあそび』ひとなる書房、2005 年

● 小櫃智子他『改訂版 幼稚園・保育所・認定こども園実習パーフェクトガイド』わかば社、2023 年

● 鯨岡峻・鯨岡和子『保育のためのエピソード記述入門』ミネルヴァ書房、2007 年

● 久津摩英子『赤ちゃんから遊べるわらべうたあそび 55』チャイルド本社、2007 年

● 講談社編『CD 付き たのしい手あそびうた』講談社、2000 年

● コダーイ芸術教育研究所『わらべうたであそぼう―乳児のあそび、うた、ごろあわせ』明治図書、1985 年

● 柴崎正行編『保育方法の探究』（第 2 版）、建帛社、1999 年

● 柴崎正行編『幼稚園わかりやすい指導計画作成のすべて』フレーベル館、2010 年

● 相馬和子・中田カヨ子編『幼稚園・保育所実習 実習日誌の書き方（第 2 版）』萌文書林、2018 年

● 久富陽子編『実習に行く前に知っておきたい 保育実技』萌文書林、2003 年

● 久富陽子編『実習における遊びの援助と展開』萌文書林、2009 年

● 久富陽子編『幼稚園・保育所実習 指導計画の考え方・立て方（第 2 版）』萌文書林、2017 年

● 田中まさ子編『幼稚園・保育所実習ハンドブック［三訂］』みらい、2011 年

● ちいさいなかま編集部編『何してあそぶ？　保育園で人気の手あそび・うたあそび』草土文化、1996 年

● 長島和代編『改訂 2 版 これだけは知っておきたい わかる・書ける・使える 保育の基本用語』わかば社、2021 年

● 長島和代編『改訂 2 版 これだけは知っておきたい わかる・話せる・使える 保育のマナーと言葉』わかば社、2021 年

● 中谷真弓『わくわくエプロンシアター』チャイルド本社、2013 年

● 開仁志編『これで安心！　保育指導案の書き方』北大路書房、2008 年

● 田中亨胤監修・山本淳子編『記入に役立つ 保育がわかる 実習の記録と指導案　改訂新版』ひかりのくに、2018 年

● 細田淳子『自然をうたおう！』すずき出版、1997 年

● 細田淳子編『あそびうた大全集 200』永岡書店、2014 年

● 細田淳子編『子どもに伝えたいわらべうた手合わせ遊び子守うた』すずき出版、2009 年

● ましませつこ・絵『あがりめさがりめ』こぐま社、1994 年

● ましませつこ・絵『あんたがたどこさ』こぐま社、1996 年

● 松本峰雄編『保育における子ども文化』わかば社、2014 年

● 無藤隆監修『よくわかる New 保育・教育実習テキスト 改訂第 3 版』診断と治療社、2017 年

● 百瀬ユカリ・田中君枝『保育園・幼稚園・学童保育まで使えるたのしい手あそび 50』創成社、2014 年

● 守巧・小櫃智子他『改訂版 施設実習パーフェクトガイド』わかば社、2023 年

著者紹介

（※執筆順。執筆担当は、もくじ内に記載）

編者 小櫃 智子（おびつ ともこ） 東京家政大学 子ども支援学部 子ども支援学科 教授

東京家政大学大学院博士課程満期退学後、彰栄幼稚園にて勤務。その後、彰栄保育福祉専門学校保育科専任講師、目白大学人間学部准教授、東京家政大学子ども学部子ども支援学科准教授を経て現職。保育内容（人間関係）、保育実習などを担当。

主な著書：『実習日誌の書き方』（萌文書林）、『実習ワーク』（萌文書林）、『幼稚園・保育所・認定こども園実習 パーフェクトガイド』（わかば社）、『施設実習 パーフェクトガイド』（わかば社）、『改訂版 保育教職実践演習 これまでの学びと保育者への歩み 幼稚園保育所編』（わかば社）、『保育実習』（ミネルヴァ書房）他。

田中 君枝（たなか きみえ） 横浜創英大学 こども教育学部幼児教育学科 講師

東京福祉大学大学院社会福祉学研究科児童学専攻修士課程修了後、東京都私立幼稚園、東海大学付属本田記念幼稚園で幼稚園教諭として勤務。その後、町田福祉保育専門学校こども保育学科専任講師、横浜保育福祉専門学校専任教員を経て現職。日本女子体育大学非常勤講師。保育内容（人間関係、言葉）、保育者論、保育実習、保育原理などを担当。

主な著書：『コンパクト版 保育内容シリーズ 言葉』（一藝社）、『保育実習対応ガイドブック』（大学図書出版）、『実習場面と添削例から学ぶ！保育・教育実習日誌の書き方』（中央法規出版）、『保育園・幼稚園・学童保育まで使える たのしい手あそび 50』（創成社）他。

小山 朝子（こやま あさこ） 和洋女子大学 現代ライフ学部 こども発達学科 准教授

東京家政大学大学院修士課程修了後、保育士として勤務。帝京平成大学現代ライフ学部児童学科専任講師を経て、現職。東京家政大学大学院博士後期課程満期退学。乳児保育、保育実習などを担当。

主な著書：『改訂 乳児保育の基本』（萌文書林）、『保育における援助の方法』（萌文書林）、『保育の計画と評価 演習ブック』（ミネルヴァ書房）、『幼稚園・保育所・認定こども園実習 パーフェクトガイド』（わかば社）、『講義で学ぶ 乳児保育』（わかば社）他。

遠藤 純子（えんどう じゅんこ） 昭和女子大学 人間社会学部 初等教育学科 准教授

北海道大学大学院教育学研究科修士課程修了後、保育士として勤務。目白大学人間学部子ども学科助教、帝京平成大学現代ライフ学部児童学科講師、昭和女子大学人間社会学部初等教育学科専任講師を経て現職。保育実習指導、乳児保育などを担当。

主な著書：『子どもの姿から考える 保育の心理学』（アイ・ケイコーポレーション）、『乳児保育』（大学図書出版）、『実習場面と添削例から学ぶ！保育・教育実習日誌の書き方』（中央法規出版）他。

● 装丁・本文イラスト　鳥取 秀子
● 装　丁　タナカアン

改訂版 実習日誌・実習指導案　パーフェクトガイド

2015 年 11 月 25 日　初版発行
2023 年 11 月 26 日　改訂版発行

編 著 者　小 櫃 智 子
発 行 者　川 口 直 子
発 行 所　（株）わかば社

〒 173-0004　東京都板橋区板橋 2-46-12
tel(03)6905-6880 fax(03)6905-6812
(URL)https://www.wakabasya.com
(e-mail)info@wakabasya.com
印刷 / 製本　シ ナ ノ 印刷（株）